# REVISTA INTERNACIONAL DE
# ARBITRAGEM
E
# CONCILIAÇÃO

ANO I – 2008

INSTITUCIONAL

DOUTRINAL

LEGISLAÇÃO, JURISPRUDÊNCIA

E DOCUMENTAÇÃO

# ÍNDICE

**Estatuto Editorial** . . . . . . . . . . . . . . . . . . . . . . . . . . . . . . . . . . . . . . . . . 5

INSTITUCIONAL . . . . . . . . . . . . . . . . . . . . . . . . . . . . . . . . . . . . . . . . 7

**Apresentação** – PROF. DOUTOR LUÍS DE LIMA PINHEIRO . . . . . . . . . . . . . . . . . 9

**Estatutos da Associação Portuguesa de Arbitragem**. . . . . . . . . . . . . . 11

DOUTRINAL. . . . . . . . . . . . . . . . . . . . . . . . . . . . . . . . . . . . . . . . . . . . 21

**Regresso ao Futuro: Apontamentos sobre a História da Arbitragem** 23
AGOSTINHO PEREIRA DE MIRANDA, CÉLIA FERREIRA MATIAS

   I – Introdução . . . . . . . . . . . . . . . . . . . . . . . . . . . . . . . . . . . . . . . . . 25
   II – Origens e Evolução da Arbitragem. . . . . . . . . . . . . . . . . . . . . . . 26
   III – Recorribilidade da Sentença Arbitral – Perfil Histórico . . . . . . . 33
   IV – Conclusões . . . . . . . . . . . . . . . . . . . . . . . . . . . . . . . . . . . . . . . 35

**The ICSID Convention: Origins and Transformation** . . . . . . . . . . . . 37
ANDREAS F. LOWENFELD

   I – Origins of the Convention . . . . . . . . . . . . . . . . . . . . . . . . . . . . . 39
   II – The Transformation . . . . . . . . . . . . . . . . . . . . . . . . . . . . . . . . . 46
   III – BITs and Customary Law . . . . . . . . . . . . . . . . . . . . . . . . . . . . 50

**Independência dos Árbitros e Ética Arbitral** . . . . . . . . . . . . . . . . . . 55
ANTÓNIO PIRES DE LIMA

**Arbitragem e Mediação: Separados à Nascença?** . . . . . . . . . . . . . . . . 61
JOSÉ MIGUEL JÚDICE

**A Arbitragem CIRDI e o Regime dos Contratos de Estado**. . . . . . . . . 75
LUÍS DE LIMA PINHEIRO

   I – Aspectos Gerais . . . . . . . . . . . . . . . . . . . . . . . . . . . . . . . . . . . . 77
   II – O significado da Arbitragem CIRDI para a "Internacionalização"
      dos Contratos de Estado . . . . . . . . . . . . . . . . . . . . . . . . . . . . . 91

*Revista de Finanças Públicas e Direito Fiscal*

III – A relevância dos tratados bilaterais de protecção do investimento    96

IV – Limites da "internacionalpublicização" dos contratos de Estado

operada pela arbitragem CIRDI . . . . . . . . . . . . . . . . . . . . . . .    99

V – Considerações finais. . . . . . . . . . . . . . . . . . . . . . . . . . . . . . .   103

**Absolute Finality of Arbitral Awards?**. . . . . . . . . . . . . . . . . . . . . .   107

PIERRE LALIVE


LEGISLAÇÃO, JURISPRUDÊNCIA E DOCUMENTAÇÃO. . . . . . . . . . . . .   129

**Novo Regime Italiano da Arbitragem** . . . . . . . . . . . . . . . . . . . . . .   131

**Crónica de Jurisprudência** . . . . . . . . . . . . . . . . . . . . . . . . . . . . . .   155

ARMINDO RIBEIRO MENDES, SOFIA RIBEIRO MENDES

I – Introdução . . . . . . . . . . . . . . . . . . . . . . . . . . . . . . . . . . . . . . .   157

II – Análise jurisprudencial. . . . . . . . . . . . . . . . . . . . . . . . . . . . .   159

III – Conclusão . . . . . . . . . . . . . . . . . . . . . . . . . . . . . . . . . . . . . .   182

**UNCITRAL Recommendation Regarding the Interpretation of the
New York Convention**. . . . . . . . . . . . . . . . . . . . . . . . . . . . . . . . . .   185

# ESTATUTO EDITORIAL

A Revista Internacional de Arbitragem e Conciliação é uma publicação periódica da Associação Portuguesa de Arbitragem (APA) e constitui a primeira publicação periódica jurídica especializada em arbitragem e noutros meios alternativos de resolução de litígios a ser editada em Portugal.

Com a publicação desta revista a APA tem em vista promover o estudo do Direito da arbitragem e de outros meios alternativos de resolução de litígios; prestar informação sobre todos os eventos relevantes no mundo da arbitragem e de outros meios alternativos de resolução de litígios, em especial sobre nova legislação portuguesa, estrangeira e internacional, sobre cursos, seminários, colóquios e conferências e sobre novidades bibliográficas de relevo; e divulgar decisões judiciais e arbitrais que sejam importantes para o Direito da arbitragem e de outros meios alternativos de resolução de litígios.

O Director da Revista é designado pela Direcção da APA.

A Comissão de Redacção é composta pelo Director da Revista e pelos membros do Conselho de Publicações da APA. A Revista tem quatro secções: Doutrinal; Institucional; Legislação, jurisprudência e documentação; Notícias, crónicas e recensões.

A Revista Internacional de Arbitragem e Conciliação está aberta à publicação de textos sobre arbitragem e outros meios alternativos de resolução de litígios de autores portugueses ou estrangeiros. Os textos deverão ser enviados ao Director da Revista e a sua publicação dependerá de apreciação da Comissão de Redacção, que se pautará sempre por critérios objectivos de relevância e mérito.

REVISTA INTERNACIONAL DE ARBITRAGEM E CONCILIAÇÃO

# INSTITUCIONAL

# APRESENTAÇÃO

A Associação Portuguesa de Arbitragem (APA) foi constituída em Março de 2006 por um grupo de advogados, académicos e juízes, que se têm distinguido no mundo da arbitragem em Portugal. Segundo os seus estatutos, esta Associação tem por objecto "fomentar a arbitragem voluntária, interna e internacional, como método de resolução jurisdicional de litígios sobre direitos disponíveis, bem como promover a sua utilização em território nacional".

Ao constituírem esta Associação, os sócios fundadores consideraram que a arbitragem voluntária se apresenta como uma alternativa viável a uma justiça estadual que não está em condições de assegurar a celeridade, a adequação e a previsibilidade reclamadas pela vida jurídica, em especial nas relações contratuais. O fomento da arbitragem voluntária assume assim a maior importância para aliviar a sobrecarga dos tribunais estaduais, proporcionar soluções mais justas e tempestivas para as controvérsias jurídicas.

De entre os meios que, nos termos dos seus estatutos, a APA pode utilizar para realizar o seu objecto são de salientar:

- a divulgação da arbitragem voluntária e das suas vantagens como método de resolução de litígios;
- a elaboração de códigos deontológicos aplicáveis aos árbitros;
- a elaboração de sugestões ou propostas de alteração legislativa em matéria de arbitragem voluntária;
- a cooperação com instituições universitárias e associações profissionais na organização de cursos ou seminários dedicados à arbitragem voluntária;
- a promoção das vantagens competitivas de Portugal como centro internacional de arbitragem voluntária; e
- a organização de colóquios, congressos, conferências ou outros eventos relacionados com a arbitragem voluntária.

A participação dos associados nas actividades da APA é feita, designadamente, através de Conselhos. Encontram-se constituídos e em funcionamento os Conselhos de Publicações, Deontologia, Prática Arbitral Comercial e Prática Arbitral Administrativa.

*Revista Internacional de Arbitragem e Conciliação*

Podem ser admitidos como associados efectivos as pessas singulares ou colectivas que mostrem interesse em participar na prossecução dos fins da Associação. As candidaturas à admissão devem ser apresentadas à Direcção.

O Director da Revista

PROF. DOUTOR LUÍS DE LIMA PINHEIRO

# ESTATUTOS
## DA
## ASSOCIAÇÃO PORTUGUESA DE ARBITRAGEM

(aprovados em Assembleia Geral realizada em 27 de Outubro de 2008)

## CAPÍTULO I
### Disposições Gerais

ARTIGO 1.º

1. É criada a associação denominada "Associação Portuguesa de Arbitragem ", abreviadamente Associação, associação científica e técnica sem fins lucrativos, que se regerá pelos presentes estatutos.

2. A Associação durará por tempo indeterminado.

3. A Associação poderá associar-se ou aderir a associações afins, nacionais e estrangeiras ou internacionais, bem como criar delegações no território nacional ou outras formas de representação.

ARTIGO 2.º

1. A Associação tem por objecto fomentar a arbitragem voluntária, interna e internacional, como método de resolução jurisdicional de litígios.

2. Para prosseguir os fins indicados no número anterior, a Associação pode utilizar, entre outros, os seguintes meios:

*a*) Divulgar a arbitragem voluntária e as suas vantagens como método de resolução de litígios;

*b*) Estabelecer um elenco de boas práticas para a realização de arbitragens;

*c*) Elaborar regras ou códigos deontológicos aplicáveis aos árbitros e a secretários ou assessores dos tribunais arbitrais;

*d*) Realizar acções de divulgação sobre a prática arbitral em geral e sobre a arbitragem voluntária junto dos membros da comunidade jurídica;

*e*) Elaborar sugestões ou propostas de alteração legislativa em matéria de arbitragem voluntária aos órgãos competentes, visando, especialmente, melhorar a regulação do funcionamento dos tribunais arbitrais e do processo arbitral;

*f*) Cooperar com instituições universitárias e associações públicas ou outras associações profissionais na organização de cursos ou seminários dedicados à arbitragem voluntária ou a outras modalidades de arbitragem;

*g*) Publicar textos científicos, legislativos e técnicos respeitantes à arbitragem voluntária, em especial textos sobre as legislações e práticas de outros países ou de instâncias internacionais, bem como jurisprudência arbitral comentada, podendo editar revistas, cadernos ou outros meios de difusão próprios;

*h*) Promover as vantagens competitivas de Portugal como centro internacional de arbitragem voluntária;

*i*) Organizar colóquios, congressos, conferências ou outros eventos, de âmbito nacional ou internacional, relacionados com a arbitragem voluntária;

*j*) Estabelecer uma biblioteca da especialidade;

*k*) Realizar outras actividades atinentes à arbitragem voluntária que venham a ser estabelecidas pela assembleia geral da Associação.

3. A Associação não poderá, em caso algum, transformar-se em tribunal arbitral nem em instituição que administre arbitragens ou exercer as respectivas funções, não podendo sequer intervir nos actos de escolha de árbitros.

ARTIGO 3.º

A Associação tem a sua sede no Largo de Santa Bárbara, numero quarenta e seis, quarto andar, no concelho de Lisboa. Mediante formalização por escritura pública, pode esta sede ser transferida para outro local dentro do País.

Institucional

ARTIGO 4.º

Constituem receitas da Associação:

*a*) O produto das jóias de admissão e das quotizações dos Associados;

*b*) O produto de venda de publicações próprias;

*c*) Os direitos de autor que lhe sejam devidos pela reprodução ou tradução de publicações próprias;

*d*) Os proveitos provenientes da organização de cursos de pós-graduação ou outros cursos remunerados;

*e*) As remunerações de prestações de serviços por estudos ou projectos realizados no âmbito das suas atribuições;

*f*) Os subsídios concedidos por entidades públicas ou privadas;

*g*) Os donativos, legados e heranças que lhe sejam atribuídas;

*h*) Quaisquer outras receitas que lhe caibam em conformidade com a lei.

## CAPÍTULO II
### Dos Associados

ARTIGO 5.º

1. São considerados associados efectivos os outorgantes e mandantes que forem indicados na escritura de constituição da Associação e bem assim os posteriormente admitidos ao abrigo das normas estatutárias em vigor na data de admissão.

2. Podem ser admitidas como associados efectivos, por deliberação da Direcção, as pessoas singulares ou colectivas por esta convidadas ou propostas por dois associados, desde que mostrem interesse em participar na prossecução dos fins da Associação.

3. As propostas de novos associados têm de ser subscritas por dois associados efectivos, só sendo admitidos os candidatos que beneficiem de deliberação nesse sentido da Direcção.

4. Podem ser admitidos como associados honorários, por deliberação da Direcção, as pessoas cuja personalidade e curriculum profissional ou científico, possam contribuir para aumentar o reconhecimento internacional da Associação.

Revista Internacional de Arbitragem e Conciliação

5. As jóias de admissão e as quotas serão fixadas pela Assembleia Geral, sob proposta da Direcção, podendo ser fixados valores distintos para associados jovens ou outras categorias de associados e constituindo o respectivo pagamento condição de eficácia da admissão como novo associado efectivo, ou, no caso de quotas, condição de exercício dos seus direitos como associado.

ARTIGO 6.º

1. Constituem direitos dos associados efectivos:

*a*) Participar e votar nas assembleias gerais e eleger e ser eleito para os corpos gerentes;

*b*) Participar nas reuniões de carácter científico ou técnico-profissional promovidas pela Associação e publicar trabalhos seus nos órgãos de difusão própria desta, nos termos do respectivo regulamento;

*c*) Receber um exemplar das publicações da Associação;

2. Constituem deveres dos associados efectivos:

*a*) Cumprir os estatutos e regulamentos, aceitar e exercer os cargos para que sejam eleitos, salvo motivo justificado, e pagar as quotas estabelecidas em Assembleia Geral;

*b*) Respeitar integralmente, nas suas intervenções a qualquer título em arbitragens, as normas deontológicas adoptadas e as boas práticas processuais recomendadas pela Associação;

*c*) Participar nos trabalhos e iniciativas de Associação e colaborar nas suas publicações;

*d*) Oferecer à Associação um exemplar de cada estudo sobre temas de arbitragem de sua autoria que venha a publicar;

*e*) Enviar à Associação cópias das decisões de tribunais arbitrais em que hajam participado, desde que hajam obtido para tanto a autorização das partes.

3. Os associados honorários terão os mesmos direitos e deveres dos associados

efectivos, mas não têm o dever de pagar jóia e quota e não gozam do direito de voto.

ARTIGO 7.º

Implicam a perda da qualidade de associado:
*a*) A renúncia;
*b*) A falta de pagamento das quotas por período superior a um ano, declarada pela Direcção;
*c*) A morte do associado singular e a dissolução, a incorporação noutra pessoa colectiva, a declaração de insolvência ou, de um modo geral, a extinção da pessoa colectiva associada;
*d*) A exclusão, por decisão da Direcção, com fundamento em grave e reiterada violação dos seus deveres como associado.

## CAPÍTULO III
### Dos Órgãos da Associação

SECÇÃO PRIMEIRA
**Disposições Gerais**

ARTIGO 8.º

São órgãos da Associação:
*a*) A Assembleia Geral;
*b*) A Direcção e o Secretário Executivo;
*c*) O Conselho Fiscal.

ARTIGO 9.º

1. Os membros da Mesa da Assembleia Geral, da Direcção e do Conselho Fiscal e o Secretário Executivo são eleitos por dois anos.
2. As funções dos titulares dos cargos referidos no número anterior iniciam-se com a respectiva posse e duram até à posse dos seus sucessores.
3. Os titulares dos cargos referidos no número um deste artigo são reelegíveis, uma ou mais vezes.

Revista Internacional de Arbitragem e Conciliação

4. No caso de substituição de qualquer dos titulares dos cargos indicados no número um, o substituto que for eleito exercerá funções até ao termo do mandato do substituído.

ARTIGO 10.º

Os membros da Direcção e o Secretário Executivo poderão ser destituídos pela forma prevista nestes estatutos, ocorrendo justa causa e garantindo-se o direito de defesa.

SECÇÃO SEGUNDA
**Da Assembleia Geral**

ARTIGO 11.º

1. A Assembleia Geral é formada por todos os associados.
2. Cada associado efectivo disporá de um voto.
3. Os associados podem, nos casos em que a lei o admite, fazer-se representar, nas reuniões da Assembleia Geral, por outros associados, passando-lhes para o efeito procuração mediante simples carta dirigida ao Presidente da Mesa da Assembleia Geral.
4. Os votos dos associados que sejam pessoas colectivas não poderão representar mais do que dez (10) por cento do total dos votos dos associados efectivos, não sendo contados os votos que excedam esse limite.

ARTIGO 12.º

Compete à Assembleia Geral deliberar sobre todas as matérias compreendidas no objecto da Associação que, por lei ou pelos presentes estatutos, não se encontrem reservadas a outro órgão, pertencendo-lhe em especial deliberar:

*a)* sobre as matérias referidas no n.º 2 do artigo 172.º do Código Civil;

*Institucional*

*b*) sobre a fixação das jóias de admissão e das quotizações a pagar pelos associados;

*c*) sobre a aprovação do Código Deontológico do Árbitro.

### ARTIGO 13.º

1. A Assembleia Geral reúne ordinariamente, até ao termo do mês de Março de cada ano, para apreciar o relatório e as contas relativas ao exercício transacto, apresentadas pela Direcção, bem como o relatório e o parecer do Conselho Fiscal, e para aprovar o orçamento para o novo exercício.

2. A Assembleia Geral reúne extraordinariamente sempre que assim seja requerido pela Direcção, pelo Conselho Fiscal ou por um quinto dos associados efectivos.

3. A convocação das reuniões pertence ao Presidente da Mesa da Assembleia Geral e far-se-á ou por meio de aviso postal, expedido para cada um dos associados com a antecedência mínima de oito dias ou mediante publicação, com a antecedência mínima de oito dias, do aviso respectivo nos termos legalmente previstos para os actos das sociedades anónimas.

4. Enquanto a lei o impuser, a Assembleia Geral só pode deliberar, em primeira convocação, com a presença de metade, pelo menos, dos associados; a convocatória pode determinar que, quando tal presença não se verificar, a Assembleia funcionará e deliberará, com qualquer número de associados, em segunda convocação, em momento que indique, posterior em não menos de trinta minutos do estabelecido para a reunião em primeira convocação.

### ARTIGO 14.º

1. As deliberações da Assembleia Geral serão tomadas por maioria absoluta dos associados presentes, respeitado o quórum legal de funcionamento estabelecido para a reunião.

2. Exigem o voto favorável de três quartos do número dos associados presentes, as deliberações sobre alteração dos estatutos e de des-

Revista Internacional de Arbitragem e Conciliação

tituição dos titulares dos corpos gerentes, e de três quartos de todos os associados efectivos a deliberação de dissolução da Associação.

ARTIGO 15.º

Os trabalhos da Assembleia Geral são dirigidos por uma Mesa, composta por um Presidente, substituído nas suas faltas e impedimentos por um Vice-Presidente, e coadjuvado por dois secretários.

SECÇÃO TERCEIRA
**Da Direcção e do Secretário Executivo**

ARTIGO 16.º

1. A administração e representação da Associação competem à Direcção, composta por membros eleitos pela Assembleia Geral em número ímpar, entre três e sete, fixado pela Assembleia Geral no acto de eleição.

2. O Presidente, que terá voto de qualidade, será designado pela Assembleia Geral.

3. Compete à Direcção criar conselhos ou comissões especializadas através das quais será dinamizada a participação dos associados na prossecução das atribuições da Associação, ficando criado, desde já, o Conselho Deontológico e o Conselho de Publicações.

4. Haverá um Secretário Executivo, eleito pela Assembleia Geral, a quem compete secretariar as reuniões da Direcção e promover a execução das suas deliberações, e em quem a Direcção poderá delegar poderes, nomeadamente para a gestão corrente da Associação.

ARTIGO 17.º

A Associação vincula-se pela assinatura de dois directores.

## SECÇÃO QUARTA
### Do Conselho Fiscal

ARTIGO 18.º

1. O Conselho Fiscal será formado por três membros, eleitos pela Assembleia Geral.

2. O Presidente do Conselho Fiscal, que terá voto de qualidade, será designado pela Assembleia Geral.

ARTIGO 19.º

Compete ao Conselho Fiscal fiscalizar a actividade da Direcção, elaborar anualmente relatório sobre a sua actividade e dar parecer sobre o projecto de orçamento e o relatório e o balanço apresentados pelo Direcção.

## CAPÍTULO IV
### Disposições Finais e Transitórias

ARTIGO 20.º

1. Os actuais associados da Associação, tenham ou não sido fundadores ou posteriormente admitidos com essa qualidade, são associados efectivos.

2. Sem prejuízo de revisão ulterior, por deliberação da Assembleia Geral, nos termos do art. 5.º, n.º 5, é desde já criada a categoria de associado jovem, reservada aos associados com menos de 40 anos de idade, que gozarão da regalia de uma redução a metade do valor da jóia e da quota, até perfazerem a idade acima referida.

ARTIGO 21.º

No caso de extinção da Associação, a Assembleia Geral deliberará acerca do destino dos seus bens.

REVISTA INTERNACIONAL DE ARBITRAGEM E CONCILIAÇÃO

# DOUTRINAL

**Agostinho Pereira de Miranda**
Advogado

**Célia Ferreira Matias**
Advogada estagiária

# *Regresso ao Futuro:*
# Apontamentos sobre a História da Arbitragem

# I – Introdução

O que há em comum entre os filhos de Amria, Ilabrat-bâni e Assurmalik, por um lado, e o The Channel Tunnel Group Limited e o Reino Unido, por outro? Os primeiros eram comerciantes assírios e terão vivido na Mesopotâmia entre os séculos XIX e XVIII a.C.[1]; os segundos são partes num dos mais famosos contratos de concessão dos tempos contemporâneos, o qual teve por objecto a construção e exploração do túnel do Canal da Mancha[2]. Os membros de ambos os grupos entraram em conflito. Todos recorreram a arbitragem para resolver os respectivos litígios.

Nos nossos dias, a arbitragem – particularmente a arbitragem transnacional[3] – tem vindo a ganhar terreno à justiça estatal. Todavia, impõe-se perguntar: esse percurso ascendente da arbitragem é uma conquista ou uma reconquista?

A história do Direito mostra-nos que a justiça arbitral se encontra presente desde muito cedo nas civilizações mais remotas, insinuando-se mesmo a precedência cronológica da arbitragem em relação à justiça estatal. Essa precedência é proclamada, de forma mais ou menos enfática, por vários autores[4]. Thomas Clay[5], por exemplo, afirma que durante toda a sua longa evolução histórica, a arbitragem constituiu quase sempre um modo privilegiado de resolução de litígios. Aliás, no entendimento deste autor, "após o Digesto de Justiniano todo o direito da arbitragem não tem sido mais do que repetição"[6].

---

[1] Sophie Lafont, *L'Arbitrage en Mésopotamie*, *in* Revue de L'Arbitrage, 2000 – No. 4, pp. 557-590.

[2] Caso Eurotunnel, arbitragem junto do Trinunal Arbitral Permanente da Haia, sentença parcial de 30 de Janeiro de 2007.

[3] Luís de Lima Pinheiro, *Arbitragem Transnacional. A Determinação do Estatuto da Arbitragem*, Almedina, 2005.

[4] Para além do autor referido na nota seguinte, como mero exemplo, J. G. Merrils, *International Dispute Settlement*, Fourth Edition, Cambridge University Press, 2005 e Stewart Boyd, *Arbitrator not to be bound by the law Clauses*, in Arbitration International, Vol. 6 No. 2 (1990), pp 122-132.

[5] Thomas Clay, *L'Arbitre*, ed. Dalloz, 2001.

[6] Thomas Clay, *L'Arbitre*, *op. cit.*

No entanto, a "hegemonia" proclamada por Clay parece ter sido frequentemente posta em causa. Conforme a época histórica e a organização da respectiva sociedade, diferentes opções foram tomadas por forma a alargar ou comprimir a esfera de intervenção do árbitro. Estas diferenças decorrem essencialmente do modo próprio de cada sociedade encarar as ideias de Estado, de Lei e de Justiça. A propósito da articulação (ou desarticulação) entre arbitragem e justiça estatal, chegou mesmo a falar-se de um "ciúme judicial" no universo da *common law*[7]. Assim, no binómio Estado-Arbitragem, não parece abusivo sugerir a existência de uma correlação nos seguintes termos: "mais Estado, menos arbitragem; menos Estado, mais arbitragem".

Neste curto trabalho iremos percorrer os períodos mais recuados em busca das origens da arbitragem e olhar, em termos muitos gerais, para a sua evolução subsequente, dedicando uma segunda parte à questão da recorribilidade da sentença arbitral, verdadeiro termómetro da relação de forças, em cada período histórico, entre a justiça estatal e a justiça arbitral.

## II – Origens e Evolução da Arbitragem

### A. *Geral*

Embora com contornos jurídico-positivos provavelmente muito diferentes dos actuais, a figura do árbitro tem percorrido a história do Direito desde os seus alvores. As primeiras manifestações da sua actividade remontam à civilização assíria, onde a justiça arbitral já era praticada, quer no plano do direito internacional público, quer no do direito privado[8]. Entre os povos que recorriam a esta forma de resolução de litígios contam-se ainda os árabes pré-islâmicos, os hebreus, os habitan-

---

[7] Derek Roebuck, *The Mith of Judicial Jealousy*, *in* Arbitration International, Vol. 10 No. 4 (1994), pp.395-406.

[8] Sophie Lafont, *L'Arbitrage en Mésopotamie*, *in* Revue de L'Arbitrage, 2000 – No. 4, pp. 557-590.

tes da Irlanda ou os da Índia antiga. Tanto o Antigo Testamento como o Corão fazem referências explícitas a árbitros e à arbitragem.

Importará ainda assim sublinhar a ausência de qualquer referência à arbitragem nos documentos históricos de várias civilizações antigas, nomeadamente do antigo Egipto[9].

É porém na Grécia Antiga e sobretudo na Roma imperial que o instituto arbitral vai surgir com as características estruturais que hoje lhe conhecemos.

No direito grego da antiguidade importa distinguir dois períodos: o arcaico e o clássico[10].

No período arcaico (século VII a.C.) assumem relevância as obras de Homero e de Hesíodo, na medida em que dão testemunho do que constituía, ao tempo, a prática e, em alguns casos, a teoria em matéria de arbitragem.

Nos poemas homéricos surgem-nos três modos de resolução de litígios: as represálias, o processo judicial e a arbitragem. Esta última assumia já nesse período uma significativa relevância sócio-jurídica. Porém, se a arbitragem conduzida por um só árbitro se aproximaria do actual conceito, dúvidas subsistem no que toca à arbitragem colegial, nomeadamente quanto ao seu carácter privado ou público. O critério de decisão consistia na busca de uma solução que equilibrasse perdas e ganhos de ambas as partes, a chamada "regra do meio"[11].

Hesíodo debruça-se sobre a vida rural e critica a justiça administrada pelas autoridades locais, que qualifica de corrupta. Por contraposição, louva o árbitro, homem íntegro e digno de confiança que, em nome de Zeus, profere uma sentença justa.

No período clássico (séculos V e VI a.C.) surge a distinção entre arbitragem pública e privada. A primeira caracteriza-se pelo facto de os árbitros serem na realidade magistrados escolhidos entre os *cidadãos* (e apenas estes) com mais de sessenta anos, e pela observância de regras processuais precisas. A arbitragem privada, por seu turno, permite às par-

---

[9] E. Ruq e J. Gaudemet, citados por T. Clay, *op.cit.*

[10] Julie Velissaropoulos-Karakostas, *L'Arbitrage dans la Grèce antique – Epoques archaïque et classique*, in Revue de L'Arbitrage, 2000 – No. 1, pp. 009-026.

[11] Tradução de *régle du milieu*, expressão referida na obra citada na nota precedente.

tes em conflito recorrerem a quem quiserem – o que inclui, não apenas *cidadãos*, mas também metecos e estrangeiros, ficando apenas excluídos os escravos e as mulheres. O critério da decisão é, também aqui, a "regra do meio". O árbitro funciona frequentemente como instância conciliadora, só se passando à arbitragem se a conciliação não tiver sido bem sucedida.

Ainda no tocante ao Direito helénico, importa referir que tanto Sólon como Demóstenes, mas principalmente Aristóteles, dedicaram à arbitragem muitas páginas dos seus escritos[12].

Já no que respeita a Roma, a sofisticação do seu sistema jurídico inquina qualquer pretensão de profundidade num texto breve como o presente. Por isso, vamos ater-nos apenas aos traços essenciais do respectivo regime.

Desde o período arcaico que a presença da arbitragem se fez notar na Roma antiga. A Lei das XII Tábuas (+/- 450 a.C.) é tida como o seu primeiro testemunho escrito. No período do Império, Séneca, Tito Lívio e em particular Cícero abordaram, por vezes com grande detalhe, as regras e conceitos que modelavam o instituto arbitral do seu tempo.

Mas foi o esforço codificador das regras de arbitragem feito por Gaio – e que viria a ser retomado nos códigos Gregoriano, Teodosiano e Justiniano, culminando no Digesto – que permitiu a sua disseminação pelo Império e possivelmente a sobrevivência do instituto até aos nossos dias[13].

A herança do direito romano é patente até no campo da terminologia. Árbitro, compromisso, receptum e sentença são termos de origem latina e que hoje fazem parte do vocabulário desta área do direito.

Já aludimos à discussão sobre a provável precedência da arbitragem em relação à justiça estatal. No entanto, há quem vá mais longe, proclamando temerariamente a origem arbitral de toda a justiça pública. Esta posição, defendida nomeadamente pelo eminente jurista austríaco Moriz Wlassak, constata a antiguidade da arbitragem e a probabilidade de esta poder ter servido de ponte entre as represálias e outras formas primitivas

---

[12] U. Gernés, *L'institution des arbitres publics à Athènes*, citado por T. Clay, *op. cit.*

[13] Glossner, *Arbitration, a glance into history,* CCI, 1978.

de satisfação de um direito e o processo judicial[14]. Bruno de Loynes de Foumichon[15] refuta este argumento, afirmando que, a resolução judicial de litígios, designadamente no direito romano, comporta elementos públicos de grande relevo, como a importância do titular do *imperium* na administração da justiça, os quais seriam incompatíveis com esse tipo de evolução histórica.

A arbitragem manifesta-se no direito romano de quatro maneiras diferentes, ainda que nem todas coexistentes: a presença de *arbitri* no processo civil formal; a *arbitratus* do homem de bem; o *arbitrium* do juiz; e a arbitragem resultante de compromisso (*arbitrium ex compromisso*). Estamos, assim, perante um domínio em que a diversidade de conceitos se esconde por detrás de termos muito semelhantes, com raiz idêntica, mas com contornos materiais distintos. O elo de ligação entre todos, segundo Foumichon, encontra-se na contraposição face ao juiz. *Arbiter* é aquele que não é juiz (*judex*) e que permite às partes, de alguma forma, escapar ao domínio estrito do direito formal.

O direito romano estendeu-se às províncias do vasto império fundado por César Augusto. Na *Britannia*, por exemplo, entre os séculos I a.C. e V d.C., essa influência da potência dominante fez-se sentir, tendo desaparecido – pelo menos assim o indicia a ausência de fontes históricas em contrário – após a retirada das legiões romanas das ilhas britânicas. A influência romanística que, ainda assim, subsiste no direito britânico terá resultado de importações posteriores[16].

A arbitragem continuou a ser praticada na Alta Idade Média e não se circunscreveu aos países que haviam conhecido o direito romano. A Lex Visigotorum atribuia a mesma força vinculativa às decisões dos árbitros e dos juízes. A partir do século XII a arbitragem serve para dirimir todo o tipo de conflitos, incluindo os relativos à propriedade de paróquias e conventos. Até à reconstituição da autoridade monárquica, os senhores

---

[14] De entre a vasta obra monográfica de Moriz Wlassak, *Die Litiskontestation im Formularprozess*, Leipzig, 1889, *Anklage und Streitbefestigung im Kriminalrecht der Römer*, Viena, 1917*, Der Judikationsbefehl der römischen Prozesse*, Viena, 1921.

[15] Bruno de Loynes de Fumichon, *L'Arbitrage à Rome*, in Revue de L'Arbitrage, 2003 – No. 2, pp. 285-348.

[16] Dereck Roebuck, *Bricks Without Straw: Arbitration in Roman Britain*, in Arbitration International, Vol. 23 No. 1 (2007) pp. 143-156.

feudais, mas também os cavaleiros e os camponeses, utilizam-na de preferência à justiça do rei. Mas é a criação das cidades, a organização de feiras e o aparecimento das corporações, com a consequente multiplicação de burgueses e mercadores, que vai aumentar exponencialmente o número de litígios e um cada vez maior recurso à arbitragem[17].

Neste período a via arbitral assume-se como modo normal de resolução de conflitos. Praticamente todas as matérias são arbitráveis: questões de direito civil e comercial, respeitantes a direitos disponíveis e de carácter patrimonial, mas também litígios relativos ao estado das pessoas, ao direito da família, ao direito público (v.g., confiscos e expropriações), ao direito eclesiástico e mesmo ao direito penal. Poderá parecer chocante aos olhos de um cidadão do século XXI que um homicídio pudesse ser julgado por um árbitro, mas na Idade Média tal era a realidade[18].

A partir do século XIV começa a desenhar-se uma tendência para assimilar a arbitragem à justiça estatal e para submeter a primeira a maiores restrições e controlo, designadamente através da possibilidade de recurso para os tribunais superiores. O poder começava de novo a caminhar para a centralização, a justiça estatal fortalecia-se e, correlativa ou consequentemente, a arbitragem regredia[19].

Esta tendência culminou no século XVI com o advento das monarquias absolutistas. Neste novo quadro político, a justiça é vista como um serviço público e, enquanto tal, assumida pelo Estado. Por via legislativa e jurisprudencial, a arbitragem é integrada no sistema judicial régio e submetida à sua hegemonia.

Mas com a Revolução Francesa emerge um "fervor revolucionário a favor da arbitragem". No desejo de eliminar as instituições anacrónicas do período absolutista, a justiça estatal é relegada para o papel de meio secundário de resolução dos diferendos. Pelo contrário, a arbitragem, "justiça pura, simples e pacífica dos árbitros", passa a ser encarada como

---

[17] Yves Jeanclos, *L'arbitrage en Bourgogne et en Champagne du XII au XV siècle*, Dijon 1977.

[18] Jean-François Poudret, *Deux aspects de l'arbitrage dans les pays romands au moyen age: L'arbitrabilité et le juge-arbitre*, in Revue de L'Arbitrage, 1999 – No. 1, pp. 3-20.

[19] Jean Hilaire, *L'arbitrage dans la période moderne (XVI-XVIII siècle)*, in Revue de L'Arbitrage, 2000 – No. 2, pp. 187-226.

manifestação de uma justiça natural, noção muito cara ao pensamento da altura.

A Constituição francesa de 3 de Setembro de 1791 proclamou que o direito dos cidadãos a dirimirem os seus conflitos pela via arbitral não poderia ser restringido pelos actos do poder legislativo (art. 5°). E a Convenção tinha um respeito tal pela palavra árbitro que substituiu o título de juíz pela improvável designação de *"árbitro público"*[20].

No século XIX, nova inversão é operada, especialmente no direito francês, com a ascensão de Napoleão Bonaparte e a instauração de um regime centralizador que, previsivelmente, se revelou hostil à arbitragem. Monnier considerou-a "a sátira da administração judicial", e o Código de Processo Civil de 1806 consagrou-lhe um conjunto de normas de carácter claramente restritivo, de que é exemplo a necessidade de a cláusula compromissória conter a identificação dos árbitros sob pena de nulidade.

### B. *Portugal*

Na sua notável monografia "A Arbitragem na História do Direito Português", José A. A. Duarte Nogueira traçou com clareza a evolução histórico-jurídica do instituto desde o aparecimento do Estado até ao início do século XX. Para esta obra, datada de 1996[21], remetemos os leitores, posto que o presente texto tem, nesta parte, por fonte única aquele trabalho. O professor Duarte Nogueira divide o percurso histórico da arbitragem em Portugal em três períodos: um primeiro que coincide com o nascimento da nacionalidade; um segundo, estendendo-se do aparecimento das Ordenações (1446) ao século XIX; e um terceiro período com início no Constitucionalismo, em 1822.

No século XII, em que foi fundado o reino de Portugal, o Direito era essencialmente consuetudinário, não existindo hoje vestígios seguros do instituto da arbitragem nesse período. Apenas no século seguinte,

---

[20] P. Ancel, *L'arbitrage*, Paris, 1989.

[21] José A. A. Duarte Nogueira, *A Arbitragem na História do Direito Português (subsídios)*, in Revista Jurídica n.° 2, Abril de 1996.

Revista Internacional de Arbitragem e Conciliação

quer nos estatutos municipais, quer na legislação régia, começam a surgir referências aos *alvidros*, palavra que, num dos seus sentidos possíveis, designa um "juiz investido pelas partes no poder de decidir litígios". Entre os textos que neste período fazem alusão à arbitragem, contam-se o Livro de Leis e Posturas, o Código Visigótico e as Sete Partidas. Quanto ao âmbito da arbitrabilidade, o direito medieval revela-se generoso, permitindo mesmo a sujeição a arbitragem de questões penais, apesar da limitação quanto à gravidade das penas que os árbitros podiam aplicar.

Em 1446 entraram em vigor as Ordenações Afonsinas, que conferiram um quadro normativo sistemático à matéria da arbitragem. O seu Livro III integra um capítulo dedicado aos *juizes alvidros* e um outro aos *alvidradores*. Nas Ordenações Manuelinas e Filipinas igual distinção é traçada: *juizes alvidros* e *alvidradores* e *juizes árbitros* e *arbitradores*, respectivamente. Cita-se o texto das Ordenações Filipinas:

> *"Entre os Juizes árbitros e os arbitradores (...) há uma diferença: porque os Juizes árbitros não somente conhecem das cousas e razões que consistem em feito, mas ainda das que são em rigor de Direito(...). E os arbitradores conhecerão somente das cousas que consistem em feito e quando perante elles for allegada alguma cousa em que caiba duvida de Direito, remette-la-hão aos Juizes da terra".*

As Ordenações (com textos muito semelhantes entre si) definem ainda aspectos do regime destas figuras, designadamente quanto à eficácia da sentença, a composição dos tribunais arbitrais, os critérios de decisão em caso de pluralidade de árbitros, a possibilidade de recorrer das decisões destes, bem como a tramitação dos recursos.

O quadro traçado pelas Ordenações manteve-se praticamente inalterado até ao século XIX. Com a vitória da Revolução liberal o direito de recorrer à arbitragem "nas causas cíveis e nas criminais civilmente intentadas" (artigo 123 da Constituição de 1822) foi consagrado a nível constitucional. A atenção que era assim devotada à arbitragem enquadra-se no pensamento liberal, chegado a Portugal na sequência da Revolução Francesa, e que, como atrás vimos, tendia a ver na arbitragem um meio de resolução de conflitos mais próximo, por natureza, da comunidade. No entanto, a este entusiasmo não correspondeu uma mudança radical nos contornos práticos do instituto. A Reforma Judiciária de 1832, tal

*Doutrinal*

como as subsequentes Nova Reforma (1837-38) e Novíssima Reforma (1841), tendo, é certo, pormenorizado o regime jurídico da arbitragem, não deram novo fôlego a este modo de resolução de litígios.

Sem alterações de monta no respectivo regime, mas agora com maior destaque, a arbitragem viria a ser regulada no primeiro Código de Processo Civil Português (1876), como outrossim, no Código de 1961. Assim foi até 1984, ano em que, com o fito de adaptar o regime da arbitragem às novas exigências da sociedade e da economia contemporâneas, o Governo aprovou o Decreto-Lei n.º 243/84, de 17 de Julho. Este diploma foi revogado, pouco tempo depois, pela Lei n.º 31/86, de 29 de Agosto, a actual Lei da Arbitragem Voluntária ("LAV").

## III – Recorribilidade da Sentença Arbitral – Perfil Histórico

A recorribilidade da sentença arbitral é um importante critério aferidor do favorecimento ou desfavorecimento que um sistema jurídico devota à arbitragem. Assim, a recorribilidade pode ser interpretada como um sinal da desconfiança e, consequentemente, de fraqueza deste modo de resolução de litígios, enquanto que, antagonicamente, a irrecorribilidade pode ser vista como um sinal da autonomia e dignidade reservada ao referido instituto.

Em abstracto, as hipóteses que se abrem neste campo são: (a) a proibição da recorribilidade da decisão arbitral; (b) o carácter facultativo dessa recorribilidade, podendo as partes excluir ou, contrariamente, estabelecer o recurso da sentença arbitral para um tribunal judicial; e (c) a impossibilidade de se afastar a recorribilidade, mesmo havendo acordo das partes nesse sentido.

Tendo, ao que tudo indica, a arbitragem precedido a justiça estatal, como acima vimos, a etapa histórica subsequente consistiu na expansão da justiça estatal. A força crescente desta manifestou-se no seu poder de minimizar a decisão arbitral ao assumir-se como instância de recurso, esvaziando assim a autonomia característica da arbitragem.

Olhando para a Antiguidade, verificamos que entre os gregos do século VIII a.C. a sentença arbitral era definitiva: sempre que as partes decidissem de comum acordo submeter um litígio a arbitragem, deveriam depois ater-se à decisão do árbitro. No Direito ateniense, o atrás

Revista Internacional de Arbitragem e Conciliação

enunciado continuou a valer no que toca à arbitragem privada, embora das decisões dos árbitros públicos coubesse recurso para os tribunais.

Em Roma, já no tempo de Cícero, a coexistência entre os dois sistemas era pacífica, sendo certo que cabia ao pretor executar a cláusula penal aplicada pelo árbitro.

No Direito romano justinianeu[22] a sentença arbitral era irrecorrível. Isto retira-se do acervo de textos jurídicos romanos denominados em conjunto *Corpus Iuris Civilis* e da obra doutrinária que a partir deles foi criada pelos prudentes, durante a Idade Média. Com efeito, Ulpiano no seu comentário ao *Digesto*, afirma de forma significativa que todo o recurso de uma sentença arbitral é proibido, mesmo quando essa sentença seja iníqua. Os primeiros glosadores mantiveram esta posição.

Sob a influência dos canonistas, a mesma posição terá vindo a atenuar-se a partir da segunda metade do século XII. Tornou-se então dominante a construção segundo a qual as decisões dos *arbiter*, ou seja, dos que julgam segundo o direito e as regras processuais, seriam irrecorríveis, enquanto as decisões dos *arbitratores*, que não estão sujeitos à aplicação dessas regras, podendo decidir segundo a equidade, já seriam recorríveis.

Contudo, neste domínio o passo mais significativo no sentido da viragem a favor da justiça pública ocorreu em França, por força da jurisprudência do Parlamento de Paris (*Parlement de Paris*). No século XIV esta instância judicial actuava já em sede de recurso, nomeadamente no que toca à validade do compromisso arbitral, quanto à execução da sentença, em sede de recurso *ad arbitrum boni viri* ou para moderar uma sentença demasiado pesada. Ainda que formalmente se continuasse a afirmar que o *Parlement* não actuava como instância de recurso, uma vez que não fazia uso da sua autoridade estatal, a arbitragem parece ter ficado nesta fase reduzida a uma "tentativa de conciliação prévia à via judicial" ou "alternativa aos tribunais de primeira instância".

Em Portugal, o recurso de decisões arbitrais era vedado pelo direito régio do século XIII. No entanto, esta limitação terá caído em desuso em virtude de um costume judiciário em sentido oposto. No texto das Ordenações Afonsinas, Manuelinas e Filipinas são expressamente admi-

---

[22] Serge Dauchy, *Le recours contre les decisions arbitrales en perspective historique*, *in* Revue de L'Arbitrage, 1999 – No. 4, pp. 763-784.

tidos os recursos, sendo os respectivos regime e tramitação regulados no Livro III de cada uma destas compilações. Nas Ordenações Afonsinas estabelecia-se a possibilidade de as partes renunciarem ao recurso, expressamente, na cláusula compromissória. Esta norma foi revogada pelas Ordenações Manuelinas. A renúncia voltou a ser admitida, e desta feita com dignidade constitucional, na Carta Constitucional de 1926. Com as Reformas Judiciárias de 1832, 1837-38 e 1841, a possibilidade de renúncia ao recurso foi mantida. Nos casos em que o valor da causa não excedesse a alçada dos juízes ordinários não havia sequer possibilidade de recurso. O primeiro Código de Processo Civil Português (1876) previa a recorribilidade da sentença arbitral, embora com possibilidade de renúncia ao recurso. Este regime coincide, de resto, com o actual. Nos termos do art. 29.º da LAV, a decisão arbitral é, em princípio, susceptível de recurso, excepto quando as partes a ele renunciarem ou quando tenham autorizado os árbitros a julgar segundo a equidade. Trata-se de uma solução claramente desajustada da prática dominante nos países da União Europeia e que revela uma herança de desconfiança relativamente à arbitragem.

## IV – Conclusões

1. Desde as civilizações mais antigas que há notícia do recurso a árbitros e à arbitragem como modo de resolução dos mais diversos conflitos. Entre as primeiras manifestações do fenómeno arbitral, na Mesopotâmia do século XIX a.C., e a actualidade medeia uma evolução histórica de avanços e recuos, em que a menor liberdade na utilização da arbitragem tipicamente correspondeu a fases de reforço da autoridade estatal, e vice versa.

2. Um bom barómetro da aceitação da arbitragem por parte de determinada ordem jurídica é a recorribilidade da sentença arbitral, posto que a submissão da decisão do árbitro a escrutínio do juíz constitui o reconhecimento da sua menor força e autonomia; sendo a recorribilidade a regra vigente na lei portuguesa, forçoso é questionar a pretensa benevolência com que a arbitragem seria hoje vista em Portugal.

3. Apesar de um percurso histórico acidentado, a arbitragem existiu sempre. Assim sendo, e tendo em conta a precedência cronológica da arbitragem em relação à justiça estatal, tese que muitos historiadores defendem, resta saber se a maneira tradicional de olhar a arbitragem não enfermará afinal de um erro de perspectiva: porquê considerar a arbitragem como um "modo alternativo de resolução de litígios", quando a norma parece ser, afinal, filha da alternativa?

*Lisboa, Janeiro de 2008*

**Andreas F. Lowenfeld**

New York University

# The ICSID Convention: Origins and Transformation

I may not be the only surviving founder of the ICSID Convention, but I believe there are not many of us left. In any event, I was "present at the creation," to borrow Dean Acheson's phrase, and I think it is of interest – not only historical interest – to go back to the period 1963-65 to look at what was expected, what looked possible, and what has become of the Convention in the intervening decades.

## I – Origins of the Convention

### *A Decade at the United Nations*

The initiative for the Convention came as a counterpoint to the debate that had gone on for some ten years in various organs of the United Nations over the relation between host countries – i.e. developing countries – and foreign investors – i.e. multinational corporations. A compromise Resolution on Permanent Sovereignty over Natural Resources (1962) had finally made it through the General Assembly, containing numerous recitals of sovereignty and self-determination and not much welcome to increased foreign investment. A proposal that compensation for expropriation or nationalization be subject only to the national law of the host state was defeated, and the final version as adopted spoke of "rules in force in the State taking such measures and in accordance with international law" (para. 4). The back and forth at the UN can be seen in the following two sentences of the same paragraph.

*First,*

> In any case where the question of compensation gives use to controversy, the national jurisdiction of the State taking such measures *shall* be exhausted.

*Second,*

> However, upon agreement by Sovereign States and other parties concerned, settlement of the dispute *should* be made through arbitration or international negotiation.[1]

---

[1] It is interesting that in comparison with the draft proposed by the Special Commission to the General Assembly, the first sentence was changed from "should" to "shall"

Would investor-state arbitration be compatible with this formulation? Many states thought not: international law concerned agreements between states; agreements between states and private parties were subject only to national law. The United States and the United Kingdom sought to counter this view by introducing an amendment that became a new paragraph 8, providing that foreign investment agreements "shall be observed in good faith." The amendment did not state explicitly ". . . agreements between foreign investors and sovereign States." Apparently that would have been too direct. The best the capital-exporting countries could do was the formula "*by or between* sovereign States."[2]

This then was the climate of opinion, reflected in a fragile consensus, at the United Nations.

## A Different Climate at the World Bank

At the World Bank, meanwhile, where the industrial states had greater voice and greater vote, a different perception was taking shape. Neither the World Bank and its regional analogues, nor bilateral assistance programs such as the American "Alliance for Progress", could satisfy the needs for capital of the developing countries. Moreover, while the public sector could only provide funds, private investors could provide the technical skills, management, know-how, and marketing needed for sustainable economic advancement. But in the wake of decoloniza-

---

– i.e. stronger for the host country, while the second sentence was changed from "may" to "should," – i.e. stronger for the investors.

[2] The final version of Paragraph 8 read:

> Foreign investment agreements freely entered into by or between sovereign State shall be observed in good faith; States and international organizations shall strictly and conscientiously respect the sovereignty of peoples and nations over their natural wealth and resources in accordance with the Charter and the principles set forth in the present resolution.

For details of the debates and the various drafts considered by the General Assembly, see Stephen M. Schwebel, "The Story of the UN's Declaration on Permanent Sovereignty over Natural Resources, " 49 ABA Journal 463 (1963); also Karol N. Gess, 'Permanent Sovereignty over Natural Resources', 13 Int'l & Comp. L.Q. 398 (1964), which reproduces the final text along with two earlier drafts.

41

*Doutrinal*

tion in Africa and parts of Asia and take-overs of foreign investments throughout the Third World, potential investors would seek some protection before risking their capital and personnel in an often hostile environment. Even if agreement on the substance of the obligations of host states to foreign investors could not be achieved except in the most general terms, availability of a stable facility for dispute settlement, presided over by an institution with both prestige and money, might reduce some of the disincentives to foreign direct investment and thereby contribute to the Bank's mission of furthering economic development.

### *Laying Out the Plan*

Internal memoranda along these lines had been circulating at the World Bank since the summer of 1961, written or stimulated by the Bank's creative General Counsel, Aron Broches.[3] By April 1962, the Bank's Executive Directors devoted a meeting to the proposal for a Centre for Settlement of Investment Disputes, to be created by a multilateral treaty,[4] and a Working Paper in the form of a draft convention was circulated to governments in the summer of 1962.[5]

In February 1963, Broches submitted to a Committee of the Whole (i.e. all the Executive Directors organized as an *ad hoc* committee without reference to their respective voting power) a detailed commentary on the proposal.[6] Interestingly enough, Broches made no mention of the debates at the United Nations or of the Resolution on Permanent Sovereignty just adopted. But he spoke of three proposals under discussion. One was the Draft OECD Convention on the Protection of Private Property, which would set out substantive rules for the protection of foreign-owned property as well as rights of investors to proceed against

---

[3] I rely on this pre-history on *International Bank for Reconstruction, Documents Concerning the Origin and the Formulation of the ICSID Convention* (Washington 1968), hereafter *ICSID History*.

[4] ICSID History Vol II, pt. 1, p. 13, Doc. No. 5.

[5] Id. Doc. No. 6.

[6] Id. p. 71, Doc. No. 15.

*Revista Internacional de Arbitragem e Conciliação*

host states before an international tribunal.[7] That proposal got nowhere at the time, nor when renewed in the 1990s.[8] A second proposal was to establish a multilateral investment insurance system. That proposal also got nowhere in the 1960s, but was the forerunner of MIGA, the Multilateral Investment Guarantee Agency, organized under auspices of the World Bank in the 1980s.[9] "The Bank's approach to the problem," Broches wrote, "is more modest than the other two."

> While they aim at improving the investment climate, the proposals submitted to [the Bank's] Executive Directors neither contemplate rules for the treatment of foreign property nor compulsory adjudication of disputes. They would make available to foreign investors and host governments facilities for conciliation or arbitration of disputes between them. Use of these facilities would be entirely voluntary. No government and no investor would ever be under an obligation to go to conciliation or arbitration without having consented thereto.[10]

Broches then set out the principal features of the proposal – about the role of the Bank, the rules for conduct of an arbitration or conciliation, and the binding effect on both parties of an agreement to submit particular controversies to arbitration under the convention:

> If the parties had agreed to use the services of the Center for arbitration as the sole means of settling their dispute, the government party should not be permitted to refer the private party to the government's national courts, and the private party should not be permitted to seek the protection

---

[7] See Draft Convention on the Protection of Foreign Property prepared for the Council of the Organization for Economic Cooperation and Development, 2 I.L.M. 241 (March 1963).

[8] See Organization for Economic Co-operation and Development, International Investment, Report to Ministry by the Secretary General – "The Multilateral Agreement on Investment: Why did it fail?" (May 1999).

[9] Convention Establishing the Multilateral Investment Guarantee Agency, October 11, 1985, done at Seoul, 11 Oct. 1985, entered into force 12 Apr. 1988, 1988 T.I.A.S. 12089, 1508 U.N.T.S. 99

[10] ICSID History Vol. II, pt. 1, p. 74.

*Doutrinal*

of its own government and that government would not be entitled to give such protection. . . . Finally, . . . the Convention would provide that such awards would be enforceable in the territories of the countries adhering to the Convention.[11]

Essentially, this became the plan for the Convention, as it went through several further drafts. What was carefully omitted was any provision going to the substance of the obligations running between host states and foreign investors. The Convention, in other words, was to be an arbitration convention, not a convention concerning the international law of investment. The sole provision  about  what arbitrators might do if a dispute between a state and a foreign investor came before them read like the arbitration rules of the ICC or the London Court of International Arbitration.[12]

> In the absence of any agreement between the parties concerning the law to be applied,. . .the Arbitral Tribunal shall decide the dispute submitted to it in accordance with such rules of law, whether national or international, as it shall determine to be applicable.[13]

Why did the proposed convention not say something about the law, about the obligations that were to be upheld by dispute settlement under the Bank's auspices?  I believe for the same reason that Broches and George Woods, the President of the World Bank, carefully avoided a diplomatic conference or even a world-wide preparatory conference. They did not want this effort to replicate the experience of the United Nations. Instead, the Bank called for four regional "Consultative Meetings of Legal Experts," – not, quite clearly, meetings of politicians. The deliberations were to be informative and technical – professionals going

---

[11] Id. p. 80.

[12] See ICC Rules of Arbitration, Art. 17 (1998 version);  L.C.I.A. Rules Art. 22 (1998).

[13] Article VI, section 5(1) in the June 5, 1962 draft, essentially unchanged as Article VI, section 4(1) in the August 9, 1963 draft and as Article IV section 4(1) of the October 15, 1963 draft that became the basis for the four regional meetings described hereafter.

over a draft prepared in advance. All expenses (including first class air fare) would be paid by the Bank.

### *The Consultative Meetings* (December 1963-May 1964)

At these four meetings – in Addis Ababa, Santiago de Chile, Geneva, and Bangkok – Broches explained the Bank's limited agenda:

> Some might think it desirable to go beyond [creating a dispute settlement machinery] and attempt to reach a substantive definition of the status of foreign property.... At the same time however, there was need to pursue a parallel effort of more limited scope, represented by the Bank's proposals.

The bargain offered to developing countries was a convention that would accept in principle that states and foreign investors could submit their legal disputes to international tribunals with binding effect. In return, the investor's home state would no longer be able to "espouse" a claim of its nationals.

> The Convention would offer a means of settling directly, on the legal plane, investment disputes between the State and the foreign investor and would insulate such disputes from the realm of politics and diplomacy.[14]

The proponents of the Convention wanted to make sure not to take a bigger bite than they could chew. The Convention would not lay down standards for the treatment by States of the property of aliens, . . , and it would not be concerned with the merits of investment disputes.

> While the Bank believed that private investment had a valuable contribution to make to economic development, it was neither a blind partisan of the cause of the private investor, nor did it wish to impose its views on others.[15]

---

[14] Broches gave substantially the same introductory speech at each of the meetings. ICSID History Vol II, pt. 1  pp. 241- 43 (Addis Ababa); pp. 303-05 (Santiago); pp. 369-732 (Geneva); 464-65 (Bangkok).

[15] Ibid.

The suggestion to spell out the law – and in particular the international law – to be applied came up only in the Geneva meeting – dominated by representatives of capital-exporting countries, and was neatly parried by Broches.[16] In the Santiago meeting which I attended, the United States delegation quickly got the hint. We expressed support for the Convention by proposing technical drafting changes, particularly with respect to defining a foreign investor in terms of ownership and control even if it was locally incorporated.[17] But we made no speeches about the benefits of foreign investment, or the dangers of expropriation, the Hull Formula, or similar elements of United States doctrine.

Even the modest proposals of the Bank were hard for many of the Latin Americans to accept. The delegate of Brazil stated that the Convention raised constitutional problems, since it implied curtailment of the judicial branch's monopoly of the administration of justice, and would grant foreign investors a legally privileged position in violation of full equality before the law.[18] The representative of Argentina said that foreign investors in his country had sufficient guarantees so as to make recourse to other bodies unnecessary. "No shadow of suspicion must be allowed to fall on these guarantees, as would be the case were the suggested agreement ratified."[19]

### *Adoption of the Convention – Not by Consensus*

In the event, as is well known, the World Bank went ahead with a resolution of the Board of Governors at the Annual Meeting in Tokyo to approve the Convention for submission to member governments. The resolution was passed, but with 21 countries – all the Latin American countries plus the Philippines – voting against.[20] I believe this was the first time that a major resolution of the World Bank had been pressed for-

---

[16] ICSID History pp. 418-20.

[17] See e.g. ICSID History pages 359-62, remarks of Mr.Belin and Mr. Lowenfeld.

[18] ICSID History p. 306 (Mr. Ribeiro).

[19] Id. p. 308 (Mr. Barboza).

[20] ICSID History p. 608.

ward with so much opposition -- "El No de Tokyo" as the Latin American press called it.[21]

I tell this story to recall for the present generation how it was that the ICSID Convention came out as it did. On the one hand it reflected a significant counter-trend to the trend at the United Nations that was moving at the same time from "Permanent Sovereignty" to the "New International Economic Order," which would have essentially excluded international law from the regulation of foreign investment. On the other hand the Convention had two very large gaps. (1) Companies considering an investment in a country that had joined the Convention could not count on consent to arbitrate. And (2) even if a host state gave its consent to arbitrate disputes that might arise out of a given investment, there was no assurance about the criteria that an ICSID tribunal might apply if a dispute were submitted to it. No "fair and equitable treatment" provision, no non-discrimination provisions, nothing about expropriation, compensation, or "full protection and security." Remember, this was the period when the U.S. Supreme Court wrote:

> There are few if any issues in international law today on which opinion seems to be so divided as the limitations on a state's power to expropriate the property of aliens.[22]

No wonder that only eleven disputes were brought to the Centre in its first fifteen years, and only six resulted in a final award.

## II – The Transformation

In the 1980s and thereafter, the two gaps were filled. One could say the Convention was amended, but of course the provisions for amendment of the Convention were not followed, and indeed are almost impos-

---

[21] For a detailed discussion of the reasons for the negative attitude toward the Convention in Latin America, see Paul C. Szasz, "The Investment Disputes Convention and Latin America", 11 Virginia J. Int'l L. 256 (1971).

[22] Banco Nacional de Cuba v. Sabbatino, 376 U.S. 395 at 428 (1964).

sible to follow.[23] Transformation is a better term from the point of view both of legality and reality.

### The State's Consent to Arbitrate

None of the discussion at the consultative meetings, or so far as I know in the contemporary writing and legislative consideration, addressed the possibility that a host state in a bilateral treaty could give its consent to arbitrate with investors from the other state without reference to a particular investment agreement or dispute. I know that I did not mention that possibility in my testimony before the U.S. Congress,[24] and neither did anyone else.[25] Nor, except in a very subtle hint, was the suggestion made in the Report of the Executive Directors of the Bank submitted to

---

[23] Article 66 of the ICSID Convention provides that a proposed amendment shall enter into force 30 days after *all* contracting States have ratified, accepted, or approved it. In contrast, the Articles of Agreement of the World Bank itself provide that, except for three sections concerning withdrawal and liability, amendments enter into force for all members when approved by three fifths of the members having four fifths of the voting power. The same formula, also with limited exceptions, is contained in the Articles of Agreement of the IMF, which was in fact amended in a major way in 1978. The provision on amendment was changed from the earlier drafts which called for a two thirds majority except for amendments imposing new obligations or affecting the provisions on jurisdiction and enforcement, but some states were nervous about being bound by any provisions their parliament had not approved. At the meeting of the Executive Directors in March 1965, Broches said he would have preferred an amendment procedure that did not give every state a veto, but he did not insist, evidently because he did not want to risk sending the convention back to governments that had already approved it. See ICSID History, Vol. II, pt 2, pp. 1000-1003.

[24] See Hearing before Subcomm. of House Comm. on Foreign Affairs on H.R. 15785, a Bill to facilitate the carrying out of U.S. Obligations under the Convention on the Settlement of Investment Disputes, 89th Cong. 2d Sess. June 28, 1966.

[25] For a fuller record of consideration of the Convention by the U.S. Senate, including the submissions of the executive branch and numerous private parties and organizations, see Senate Comm. on Foreign Relations, *Convention on the Settlement of Investment Disputes*, Report to accompany Ex. A, 89th Cong. 2d Sess. May 11, 1966 and Appendix thereto.

governments with a view to ratification of the Convention.[26] Yet consent by states pursuant to the Bilateral Investment Treaties has become the standard practice. I am not suggesting that the practice, whereby the State's consent to arbitration is open-ended and the investor's consent is given typically only when a dispute arises, is unlawful. Linking the dispute resolution provisions of BITs to ICSID can be reconciled without difficulty to Article 25 of the Convention:

> The jurisdiction of the Centre shall extend to any legal dispute arising directly out of an investment between a Contracting State. . .and a national of another Contracting State which the parties to the dispute consent in writing to submit to the Centre.

Nothing in the text says the consent by the State must have been given in the investment agreement giving rise to the dispute, or even that there must have been an investment agreement. But the link was unexpected, and I am fairly certain, unplanned. There is no doubt that the vast number of BITs containing consent to arbitrate under ICSID has effected a major transformation of the Convention.

---

[26] Paragraphs 23 and 24 of that Report read as follows:

> 23. Consent of the parties is the cornerstone of the jurisdiction of the Centre. Consent to jurisdiction must be in writing and once given cannot be withdrawn unilaterally (Article 25(1)).

> 24. Consent of the parties must exist when the Centre is seized (Articles 28(3) and 36(3)) but the Convention does not otherwise specify the time at which consent should be given. Consent may be given, for example, in a clause included in an investment agreement, providing for the submission to the Centre of future disputes arising out of that agreement, or in a *compromis* regarding a dispute which has already arisen. Nor does the Convention require that the consent of both parties be expressed in a single instrument. Thus, a host State might in its investment promotion legislation offer to submit disputes arising out of certain classes of investments to the jurisdiction of the Centre, and the investor might give his consent by accepting the offer in writing.

International Bank for Reconstruction and Development, *Report of the Executive Director on the Convention on the Settlement of Investment Disputes between States and Nationals of Other States*, March 18, 1965.

*Doutrinal*

It is interesting that Broches, in his many speeches and writings about the Convention,[27] didn't mention the link until 1982 – i.e., never before it was widely in use. I do not know whether Broches, who spent so much of his career in drafting and promoting the ICSID Convention, did not think of the possibility of consent in blank by host states, or believed that if he mentioned the idea it would contribute to the nervousness of host states. In his only writing, as far as I know, on BITs, Broches concluded:

> Investment protection treaties and the Convention serve the identical aim of creating mutual confidence and an investment climate which will promote increased international investment flows. . . . Introducing the Convention mechanism into investment protection treaties may therefore be regarded as a particularly felicitous develop-ment.[28]

### The Applicable Law

As I mentioned earlier, what became Article 42 of the Convention was adopted with as little discussion as possible. In the absence of agreement by the parties, the Tribunal was to apply the law of the host State "and such rules of international law as may be applicable." The BITs provide the agreement. *First*, there is no more "absence of agreement." The treaty itself is applicable, thereby overcoming the law in many states (as well as the Charter of Economic Rights and Duties of States) committing regulation of foreign investment solely to national law. *Second*, specific obligations with respect to treatment of foreign investments are set out: national treatment, most- favored-nation treatment, fair and equitable treatment 'no less than', or 'as required by' international law. *Third*, some BITs add the so-called "umbrella clause" expressly requiring host states to observe any obligation it may have entered into with regard to

---

[27] See Aron Broches, *Selected Essays: World Bank, ICSID, and Other Subjects of Public and Private International Law* (1995).

[28] Aron Broches, "Bilateral Investment Protection Treaties and Arbitration of Investment Disputes," (1982), in Selected Essays 447 at 457.

foreign investments, that is converting, (or purporting to convert), contracts subject to domestic law into international obligations. *Fourth*, the BITs universally set out the conditions for permissible expropriation, including a requirement of compensation and the criteria for such compensation. *Fifth*, the BITs provide a right to foreign investors to resort to international dispute settlement – nearly always with ICSID as one of the available fora.

In enumerating these provisions typical in Bilateral Investment Treaties I am not telling this audience everything it did not know. Nor am I suggesting that the words in the treaties answer all the questions, or that phrases such as "fair and equitable treatment" or "as required by international law" or "fair market value" have clear and uncontestable meanings. My point is that the gap in the Convention has been filled, and that it has been transformed into a foreign investment protection convention. One might say that was always the intention, and that the Convention as negotiated and adopted in the 1960s was a stepping stone. But Mr. Broches was careful to say at each of the Consultative Meetings that the Convention was not concerned with the merits of investment disputes,[29] and in his Hague Lectures he rejected the characterization of the Convention as an instrument for the protection of private foreign investment as "one-sided and too narrow."[30] But with the link to the BITs, the Convention, and the 200 or so disputes that have come before ICSID Tribunals, ICSID has become a vast and growing depository of decisions, rulings, and precedents -- one may fairly say a *corpus juris* of foreign investment law, or if you will, foreign investment protection law. This brings me to my last point.

## III – BITs and Customary Law

Given the large web of BITs covering every continent and countries in all stages of development -– 2,781 according to my latest information

---

[29] ICSID History, pp. 242, 304, 372, 405.

[30] Aron Broches, *The Convention on the Settlement of Investment Disputes between States and Nationals of Other States*, Hague Acad. Receuil des Cours, 1972-II, p. 331 at 348, repr. in Broches *Selected Essays* 188, at 197.

*Doutrinal*

-- can one say that the BITs as construed and interpreted by international tribunals are now evidence of customary international law, so that it is dispositive even when a given controversy is not explicitly governed by a treaty?

F.A. Mann, writing early in the Age of BITs, answered "yes."[31] Others, particularly those who question how voluntary the rush to sign BITs really was, answer "no." Their contention is that each BIT is a *lex specialis*, applicable only between the host country and a national of the other State Party to the treaty, so that precedents arising out of disputes under other treaties are of no consequence, even if their content is identical or nearly so.[32] The argument, recently embraced by the United States government in the context both of investment treaties and of humanitarian law, is that to create or evidence customary law, states need not only follow a certain practice in large numbers, but need to do so from a sense of legal obligation – *opinio juris*.[33]

I find that argument unconvincing. It relies on a definition of customary international law – itself creature of customary law – that is inex-

---

[31] F.A. Mann, "British Treaties for the Promotion and Protection of Investment," 52 Brit. Y.B. Int'l Law 241 at 249-50 (1981). . Dr. Mann wrote:

> The paramount duty of States imposed by international law is to observe and act in accordance with the requirements of good faith. From this point of view it follows that, where these treaties express a duty which customary international law imposes or is widely believed to impose, they give very strong support to the existence of such a duty and preclude the Contracting States from denying its existence.

Id. at 249–250.

[32] See e.g., Bernard Kishoiyan, "The Utility of Bilateral Investment Treaties in the Formulation of Customary International Law," 14 Northwestern Int'l Law & Business 327 (1994).

[33] See Andrew T. Guzman, "Why LDC's Sign Treaties that Hurt Them: Explaining the Popularity of Bilateral Investment Treaties." 38 Va. J. Int'l Law 639 at 686-87 (1998). For the recent U.S. government position, see e.g., Annex A to the 2004 Model Bilateral Investment Treaty. See also Letter from John Bellinger III, Legal Adviser, U.S. Department of State, and William J. Haynes, General Counsel, U.S. Department of Defense to Dr. Jakob Kellenberger, President, International Committee of the Red Cross, regarding Customary International Law Study by Dennis Mandsager, 46 I.L.M. 511 (May 2007), in effect rejecting proposals of the Red Cross to view its recommendations as having attained the status of law.

tricably circular: practice, no matter how widespread, cannot ripen into customary law unless it is taken from a belief that it is required by law, and it cannot be regarded as law if it has not ripened (some use "crystallized") as law. Some authorities suggest that a widely accepted multilateral treaty may lead to the creation of customary international law.[34] My submission, consistent with the position of Dr. Mann, is that the ICSID Convention, the very wide acceptance of substantially identical BITs, and the substantial body of precedents, taken together, do represent a contribution to customary international law, a body of law that cannot and should not stand still.

In a dispute arising under a BIT, I am clear that the ICSID Tribunal can and generally should take account of -- not necessarily follow but consider -- decisions and awards rendered by other tribunals, whether under ICSID, UNCITRAL, or other comparable tribunals hearing claims under other BITs. The harder question arises when no BIT is directly applicable. My answer is the same. Thus, if I may borrow from my own treatise on International Economic Law,[35]

> Suppose Patria has entered into substantially identical BITs with Xandia, Tertia, and Quarta, but not with Quinta. However, Patria has joined the ICSID Convention, and has consented to ICSID arbitration of disputes that may arise in connection with an investment agreement with Supranational Corporation [SUNATCO], a corporation organized and existing under the laws of Quinta. A dispute arises and is submitted to an ICSID Tribunal. In my submission, the arbitrators should take into account all the obligations undertaken by Patria in its BITs with Xandia et al., as evidence of Patria's understanding of international law for the purpose of applying Article 42 of the ICSID Convention. Patria should be given the opportunity to explain why it had not concluded a treaty with Quinta, but unless that explanation is compelling that a different standard of treatment of investors from Quinta was contemplated and communicated to the govern-

---

[34] See, e.g., *Restatement (Third) of the Foreign Relations Law of the United States*, § 102(3) (1997).

[35] A. Lowenfeld, *International Economic Law*, Ch. 17, § 17.3(c) (2002, 2nd ed. 2008).

*Doutrinal*

ment of Quinta and to Sunatco, the failure to conclude an agreement with Quinta applicable to the dispute should not preclude the Tribunal from applying contemporary customary law as reflected in the web of bilaterals. In contrast, if Patria has consistently declined to conclude a BIT with any country, the argument in favor of applying the principle set out in the BITs, while not excluded, would be significantly weaker.

\* \* \*

In sum, it is hard to tell to what extent ICSID plus BITs have led to increased private investment of the kind that contributes to economic development, though in individual instances, such as Argentina's rush to privatization in the 1990s under President Menem, the combination of ICSID and BITs clearly served as a stimulus to foreign investors. But the combination has clearly transformed the Convention, filled in the gaps necessary to make ICSID an important institution, and as I see it, contributed to the progress of customary international law.

**António Pires de Lima**
Bastonário

# Independência dos Árbitros e Ética Arbitral

**1.** A Independência dos Árbitros, a sua Idoneidade e, inerentemente, a sua Ética e Capacidade Profissional não é uma condição de existência mas de Sobrevivência e Progresso de Arbitragem.

É essencial que cuidemos destes aspectos, que sejamos rigorosos, não vá tolher-nos uma surpresa.

**2.** Lei 31/86.

O Legislador Português – Lei 31/86 – abordou a matéria.

Exige que o Árbitro seja pessoa singular e capaz, plenamente capaz (Artigo 8.°).

Aos Árbitros (**NÃO NOMEADOS**) é aplicável o regime de impedimento e escusas previsto na lei processual (Artigo 10.°).

Se é a parte que designa o Árbitro, o impedimento ou recusa só pode ser resultante de causa superveniente.

Os Artigos 122.° e 127.° do C. P. Civil … passe o exagero – quase só proíbem que o próprio se julgue a si próprio!!!

Entendo que é pouco. Mas talvez ao não dizer mais o Legislador de então não caiu no erro do actual, quanto tenta dizer tudo, isto é, atrever-se a regular a vida de cada um em pormenor, esquecendo que, felizmente, – e no caso português não é difícil – a vida – o quotidiano é muito mais criativo que a imaginação respectiva.

**3.** Alguns Centros de Arbitragem adoptaram a mesma orientação aquela que foi escolhida pelo Legislador.

Isto é, limitaram-se a exigir os requisitos legais reconhecendo – às vezes pelo silêncio – a aplicabilidade da lei geral: Outros há que se defendem na exigência de que o Árbitro seja reconhecido e integre a lista do respectivo Centro.

Entendo que essa postura é a cómoda, mas não a ideal.

(Por ex., Regulamentos da Câmara de Comércio e do Centro da Associação Portuguesa de Direito Intelectual).

**4.** No Centro de Arbitragem de F.D.U. Coimbra foi-se mais longe.

O respectivo Regulamento expressava a exigência de que o Árbitro garanta a idoneidade moral e profissional, a independência e a imparcialidade.

Ele deve informar sobre quaisquer factos que devam ser objecto de apreciação e que, (ainda que só relativos a uma situação concreta) – possam justificar uma apreciação sobre aqueles requisitos.

**5.** O Centro que foi e voltou a ser da Ordem dos Advogados (e que eu estimaria tivesse podido continuar a ser das Profissões Liberais) no Artigo 7.º do respectivo Regulamento, exige do Árbitro a independência e a imparcialidade. Reclama que prestem informação escrita sobre qualquer facto por forma a permitir que a Secretaria a comunique às Partes.

Também aqui (n.º 4 do Artigo 7.º) a Parte não pode recusar quem indicar, salvo ocorrência superveniente.

**6.** A Corte Espanhola de Arbitragem prevê e admite a recusa do Árbitro sempre que existam dúvidas justificadas a respeito da sua imparcialidade ou independência.

E é expressa que essa recusa pode recair sobre o Árbitro designado pela própria Parte, se o conhecimento do motivo que justifica a recusa é superveniente

**(Não o motivo, mas o conhecimento)**

**7.** Em recente Instituição, a "Arbitrália" – foi inserida uma curiosa e expressiva regra

"Os Árbitros não poderão ter com as Partes nenhum relacionamento pessoal, profissional, nem comercial e devem conservar uma posição independente e imparcial durante o processo".

Também aqui se exige que o Árbitro declare o que considere necessário à apreciação da verificação dos requisitos atrás enunciados.

**8.** Talvez na CCI essas regras de independência, imparcialidade, idoneidade, capacidade/ profissional e moral sejam genericamente defendidas por forma prática.

Exige-se do Árbitro que declare a sua independência, assegurando que não há, no passado ou presente, factos ou circunstâncias que ponham em causa essa independência. Deve assegurar, por outro lado, a disponibilidade de tempo – e que possua conhecimentos adequados.

Mas, ainda que independente deve revelar quanto lhe pareça que deva ser conhecido das Partes para que, a critério delas, digam de sua justiça.

O princípio ... – o conselho – é o de que "na dúvida revelar-se".

Na CCI a Secretaria, eventualmente a Corte, confirma ou sanciona, isto é, aceita o Árbitro.

**9.** Nesta pequena "viagem" terei tocado o 8 e o 80!

Mas entra o rigor da interpretação entre os "mínimos" da Lei 31/86 e os "máximos" da "Arbitrália", talvez a virtude esteja no bom senso da aplicação prática de uns e outros preceitos.

**10.** Algumas Experiências:

**A**. Já me perguntaram se era independente ... sem mais.

Respondi afirmativamente, declarando que nunca tinha perdido a independência (conscientemente) mas que representava uma entidade terceira, numa das empresas em litígio e que, portanto, não estava em condições de participar na Arbitragem.

Tive como resposta a indicação de que tal facto não impedia a permanência no processo! Foi uma experiência que não repetiria hoje, declararia estar impedido, sem mais explicações para evitar as preocupações que vivi.

**B.** Nem me foi dado pensar duas vezes numa outra hipótese em que neguei intervir numa arbitragem porque uma das Partes tinha sido objecto de execução hipotecária e, aí, reclamara um crédito de terceiro mandatário.

**C.** Já tive de me opor à permanência de um Árbitro, familiar e sócio (em sede profissional) do Advogado de Parte. É lamentável que ocorra uma situação destas.

**11.** Algumas sugestões:

**A.** Quer na Arbitragem Institucionalizada, quer na Arbitragem Ad Hoc, sejam os Árbitros nomeados por Acordo ou Não, **devem emitir:**

**Declaração de Disponibilidade**

**Independência**

**Imparcialidade,**

**e referência a qualquer facto que possa ou deva ser apreciado.**

**B.** Os motivos de recusa devem ser avaliados em função do momento em que são conhecidos. É o **conhecimento** das razões do impedimento que justifica a sua apreciação, não a sua superveniência.

**C.** Se o impedimento de recusa se abre quando o Tribunal está já constituído, e se há prazo para o laudo final, o incidente deve suspender a contagem desse prazo.

# José Miguel Júdice

Sócio fundador de PLMJ – AMPereira, Saragga Leal, Martins, Júdice e Associados
Professor Associado da Faculdade de Economia da Universidade Nova de Lisboa
Vice-Presidente da Associação Comercial de Lisboa/
/Câmara de Comércio de Industria de Portugal
Presidente do Capítulo Português do Club Español de Arbitraje
Membro da Direcção da Associação Portuguesa de Arbitragem
Presidente da Secção Portuguesa da Cour Européenne d'Arbitrage
Membro do Comité Brasileiro de Arbitragem e da Association Suisse d'Arbitrage

## Arbitragem e Mediação: Separados à Nascença?

A arbitragem e a mediação, como forma de resolução de conflitos, são em regra apresentadas em conjunto pelos autores como soluções alternativas aos sistemas estaduais. E com boas razões. Mas deverão ser consideradas como alternativas entre si?

As duas formas acima mencionadas nascem de uma inspiração semelhante: num litígio em que estejam em jogo direitos disponíveis, as partes são (devem ser) racionalmente capazes de procurar pacificar a relação jurídica que se tornou patológica, pois nisso reside a optimização dos seus interesses próprios, mesmo quando inconciliavelmente opostos, ou assumidos como tal. E saberão pacificar melhor se optarem por uma justiça que nasça da sua (esclarecida) vontade conjunta em vez de se entregarem a uma justiça totalmente hetero-construída, como é a fornecida pelos Estados.

A distinção teórica entre estas duas soluções também é evidente e está definida pela doutrina de um modo consolidado[1]: na arbitragem o litígio é resolvido com base na legimidade dupla que nasce da vontade das partes e da vontade do sistema jurídico (nacional e internacional); por isso, a decisão – tornada possível pela vontade contratual – impõe-se aos litigantes de um modo que eles só poderão afastar se encontrarem uma solução vinculativa alternativa. E, mais importante, é obrigatória para a parte menos satisfeita com o resultado obtido, pois a vontade do sistema jurídico coloca o selo da executoriedade na decisão arbitral.

Na mediação não existe vinculatividade decisória. Não quer isso dizer que não exista um poder normativo imanente ao processo de mediação. Mas esse poder é fraco, visto que não é considerado pelo Estado como devendo receber o manto da executoriedade e, por isso, depende completa e exclusivamente da vontade das partes em processo de pacificação. Se estas o quiserem (*rectius*, o vierem a querer *a posteriori*), a sugestão feita pelo mediador pode converter-se numa decisão com vinculatividade e ser aceite pelos sistemas normativos. Mas basta que uma

---

[1] Ver, entre outros, Klaus Peter Berger, "Integration of Mediation Elements into Arbitration", in Arbitration International, volume 19, n.° 3, 2003.

*Revista Internacional de Arbitragem e Conciliação*

delas o não deseje para que o resultado da mediação não saia do limbo dos futuríveis não realizados[2].

Este jogo de espelhos, de semelhanças e diferenças entre as duas formas de resolução alternativa de litígios, tem mascarado um aspecto que reputo muito relevante. A generalidade dos autores, embora realce as diferenças, não aborda a relação entre mediação e arbitragem como formas que mutuamente se excluam. Pelo contrário, a tendência – aliás perfeitamente compreensível em termos de experiência factual e de teorização conceitual – tem sido para frisar os aspectos que as aproximam e que, no fundo, quase que as tornam em algo essencialmente definível sobretudo por estarem habitadas pelo mesmo espírito, que apenas soprará de modo diferente em cada um dos casos[3].

A minha tese é que esta tendência tem de ser contrariada, pois a mediação e a arbitragem devem ser assumidas pelos teóricos e pelos práticos como modelos de solução de litígios alternativos um ao outro e que nada ganham em se confundirem ontologica ou gnoseologicamente. E, como segunda tese, que durante uma arbitragem ocorrem momentos em que existem condições objectivas favoráveis para uma solução mediada do conflito, e que tais ocasiões não devem ser desperdiçadas, mas os árbitros devem ser considerados *"unfit for mediation"*.

A tendência para ver a arbitragem como uma espécie de mediação forte e esta última como uma forma de arbitragem fraca é dominante na doutrina[4] e, mais do que isso, está implícita entre os práticos. Considero que uma das razões para as dificuldades de implantação de uma cultura propícia à arbitragem e à mediação, em geral[5], reside nesta confusão mais ou menos consciente, que impede o desenvolvimento pleno das

---

[2] Embora em alguns sistemas a comunicação ao Juiz (ou ao Árbitro) do relatório final da mediação lhe possa atribuir – de forma implícita e, quase se poderá afirmar, indita – uma relevante força pela capacidade de influenciar a decisão vinculativa que venha a ser tomada. E, assim sendo, a mediação neste tipo de sistema acaba por se revestir de uma força quase-vinculativa estatisticamente inequívoca.

[3] Ver, por exemplo e como sinal dessa tendência, os processos americanos definidos como de "Med-Arb".

[4] Ver, entre outros, em sentido contrário, Alan Redfern and Martin Hunter, "Law and Practice of International Commercial Arbitration" (1991), pág 27.

[5] E sobretudo nos países de "Civil Law", pois no mundo anglo-saxónico – por razões que adiante se tentará explicitar – o problema tem sido menos grave devido à

potencialidades de cada uma das soluções, como se pelo facto de estarem emaranhadas se não deixassem mutuamente desabrochar e crescer.

É evidente que no momento genético de qualquer delas está a mesma vontade das partes, quer essa vontade se exprima numa cláusula de mediação e/ou cláusula compromissória arbitral, quer nasça mais concretamente de uma convenção de arbitragem. Mas, separadas à nascença, devem seguir processos vitais distintos.

No caso da arbitragem, a vontade implícita das partes só pode ser que os decisores procurem aplicar o direito aos factos, como o faria um juiz becado ("silk judge")[6]. A diferença e vantagem específica desta opção "judicial-contratual" sobre a "judicial-estatal" apenas se pode encontrar na (pressuposta) melhor preparação e experiência de árbitros para o tipo de caso em apreço, o que pode e deve conduzir a uma decisão em que os aspectos substantivos prevaleçam mais sobre os formais, mas não ao ponto de ser admissível que construam uma solução jurídica desenquadrada do sistema regulador da relação jurídica em crise.

No caso da mediação, pelo contrário, a vontade implícita das partes é que o mediador encontre uma solução que julgue adequada à pacificação do litígio, não esquecendo o enquadramento normativo (pois se este não for parte da solução é, seguramente, parte do problema), mas afastando-se dele sem rebuço, se e na medida em que a solução considerada adequada o imponha ou mesmo só o justifique.

Em resumo, a decisão arbitral tem de ser uma solução maximizadora e a sugestão mediadora uma solução optimizadora. Maximizadora, uma, porque se trata de alocar direitos e deveres, respondendo ao velho brocardo latino *suum cuique tribuere*. Optimizadora, a outra, porque destinada a tentar esticar ao máximo possível a potenciação da conciliação dos interesses em presença, de tal sorte que a "soma" do que cada parte retira da sugestão mediadora seja superior ao resultado da maximização da vantagem para a parte que mereceria em arbitragem ou em tribunal comum a tutela do Direito.

---

forma especial como se encaram os conflitos de interesse e os deveres fiduciários dos árbitros.

[6] Exceptua-se, como é evidente, o caso das árbitros estarem autorizados a decidir de acordo com a equidade, no que é realmente uma forma híbrida entre a arbitragem verdadeira e própria e a mediação.

O que a realidade nos mostra, porém, não corresponde minimamente a este modelo. A mediação autónoma e assumida como tal é, em Portugal e neste início do Século XXI, praticamente inexistente[7]; e a arbitragem é, muitas vezes, uma mera estrada para uma mediação envergonhada ou encapotada: assumida desde o início ou – como no caminho para Damasco – que se impõe como uma revelação.

Os árbitros (em especial o Árbitro Presidente) procuram, por vezes pisando alguns riscos, que as partes cheguem a acordo e que, desse modo, se evite o custo de uma decisão. Ou, talvez ainda mais vezes, o Árbitro Presidente tenta obter uma decisão unânime dos árbitros, mesmo que para isso seja indispensável sair um pouco (ou até muito...) da que seria a boa decisão do caso, mas que então seria aprovada com um voto de vencido, o que repugna à nossa mentalidade e à pequenez do nosso mercado. Nalguns casos são os próprios Árbitros de parte que tentam sensibilizar os Advogados que os indicaram, para as condições que viabilizam um acordo, que de forma mais ou menos evidente sugerem como a melhor solução para o caso, por vezes actuando como verdadeiros intermediários para a procura da solução compromissória.

Esta questão não é desconhecida da arbitragem internacional. É aquilo a que se costuma chamar "splitting the baby". E o sinal claro de que constitui mesmo a esse nível um problema é o esforço das instituições que se dedicam à arbitragem para demonstrar – e diga-se que com algum sucesso – de que a tendência não é tão significativa quanto se julga, o que até levou recentemente o Presidente da American Arbitration Association, William Slate, a designá-la como "um mito persistente"[8].

Os árbitros, ao actuarem deste modo, resvalam, com maior ou menor consciência de "ilicitude", para a área da mediação. Mesmo que não assumam o papel de verdadeiros mediadores, o que aliás por vezes

---

[7] Ainda que seja verdade que, muitas vezes, como Mr. Jourdain no *Bourgeois Gentilhomme,* se faça mediação sem lhe dar o nome...

[8] Num seminário organizado pela Associação Suíça de Arbitragem, em Janeiro de 2007, o Presidente da American Arbitration Association, William Slate, apresentou um estudo inédito sobre arbitragens domésticas geridas pela ICDR segundo qual em 41% dos processos foi adjudicado mais de 80% do que era pedido e em 19% o pedido foi totalmente indeferido, o que em sua opinião significa uma tendência dominante contra "splitting the baby".

acontece (quando abrem aquilo a que a doutrina arbitral internacional vem chamando um *"mediation segment"*)[9], comportam-se como se fossem mediadores, agindo de um modo que não corresponde de forma alguma ao paradigma abstracto e teórico do Árbitro independente, neutral e imparcial. Mas, valha a verdade, fazem-no em regra com total agrado e adesão dos Advogados das partes, eles também mais interessados numa solução que evite o risco de acontecer uma situação em que *the winner takes it all*. E os respectivos Clientes, desejosos de uma saída para um impasse e para o agudizar de um conflito que a dimensão de Portugal torna mais prejudicial, não querendo dar parte fraca ou não suportando que o respectivo *ego* fique ferido, eles próprios agradecem – quando não aplaudem – que os árbitros se transformem em mediadores mais ou menos formais.

*So far so good?* Sim, para quem pense que os fins justificam os meios, que tudo está bem desde que termine bem e, ainda, se não nos lembrarmos dos casos em que essa estrada apenas conduziu a um beco sem saída e por isso a perda de tempo, de dinheiro e de distanciamento, autonomia e prestígio dos árbitros. Mas, em qualquer caso, nada disto é tão bom assim, se nos lembrarmos dos efeitos em termos sistémicos e das consequências a médio e a longo prazo para o mundo da arbitragem e da mediação. E tudo isso mesmo que descontemos a objectiva denegação de justiça que pode decorrer em casos concretos, quando se não atribui a uma das partes o que ela merece, e em vez disso se lhe entrega uma solução compromissória que – bem ou mal – não desejava, mas tem de aceitar, sobretudo se da decisão arbitral não houver recurso. E, não por acaso, a convicção de que os árbitros tendem a soluções salomónicas é talvez a principal razão de desconfiança em relação à arbitragem por parte das empresas.

Esta questão torna-se ainda mais complexa se for apreciada do ponto de vista da ética dos árbitros e dos seus deveres. O árbitro deve ser a este nível equiparado a um Juiz[10], actuando "without fear or favour",

---

[9] Klaus Berger – "Integration of Mediation Elements into Arbitration". Arbitration International, vol 19, n.º3 (2203).

[10] Não se desconhece que certos impedimentos e suspeições dos Juízes podem no caso dos Árbitros – sobretudo de parte – ser afastado pela explícita e informada vontade das Partes.

Revista Internacional de Arbitragem e Conciliação

como ainda hoje juram fazer os juízes no Reino Unido; ou, ao menos, a santidade do seu posicionamento processual é tanto maior quanto mais próximo estiver do paradigma do Bom Juiz. A entrada dos Árbitros num esforço de mediação, ainda que não formalmente assumido como tal, tem como consequência a diminuição dos elementos que preservam as condições de uma boa decisão. Realmente não é possível mediar sem de algum modo pré-julgar ou, pelo menos, sugerir explicita ou implicitamente alguma dose de pré-julgamento ou de pré-conceito.

Mas além disso, que não é pouco, o esforço de mediação – se fracassado – deixa inevitavelmente no espírito do Árbitro, e tanto mais gravemente quanto não for consciencializado e por isso não for elaborado e racionalizado, juízos psicológicos sobre as Partes que resultam da sua atitude no processo mediador e não das suas posições e convicções processuais. E também por aí os atributos do Bom Juiz se podem ir perdendo; o que pode ser mais grave ainda, se nos lembrarmos de que os Árbitros não são juízes profissionais e assim estão menos calejados perante as vicissitudes de uma contenda que se desenrola à sua frente.

A tendência jurisprudencial na Europa tem revelado o aparecimento de precedentes que apontam para riscos de anulação de decisões por causa de envolvimento de juízes em esforço de conciliação entre as partes para terminar litígios antes de uma sentença[11].

Por estas razões acho vivamente desaconselhável que os árbitros se envolvam em processos de mediação. Talvez por isso, pelo sistema adversarial e pela maior tradição de arbitragem, a prática das arbitragens no espaço psicologico-cultural da *common law* desfavorece claramente essa possibilidade e, segundo parece, os árbitros com uma formação anglo-saxónica tendem a evitar sistematicamente tal atitude, um pouco à imagem dos Juízes dos seus países[12].

Mas nos países da *civil law*, como é sabido, os Juízes possuem um papel muito mais interventor no decurso do processo, não apenas por em regra a eles competir interrogar as testemunhas, mas sobretudo pela

---

[11] Werner Wenger – "The role of the arbitrator in bringing about a settlement – a swiss perspective" - in ASA Special Series, n.° 26 – July 2006.

[12] Judith Gill, "The arbitrator's role in bringing about a settlement – an English view", ASA cit, reúne um impressivo conjunto de argumentos contra o envolvimento activo de árbitros em processos de mediação.

inexistência de Júri. Assim e talvez por isso, os árbitros com formação de *civil law* por vezes aceitam funcionar como mediadores e/ou intervirem activamente na formação de consensos que permitam colocar termo a um processo por acordo.

E o sinal inequívoco desta tendência pode ser encontrado – sobretudo em relação a arbitragens nacionais – em normas como as das Câmaras de Comércio de Zurique, Basileia e Genève, as da "German Institution of Arbitration"[13].

A questão subsiste, no entanto, mesmo (melhor será dizer, talvez, sobretudo) se e quando os árbitros oriundos do espaço europeu continental prefiram optar por uma prática mais hostil e desconfiada em relação à sua intervenção mediadora. É que uma das vantagens manifestas da arbitragem reside precisamente na circunstância deste sistema de regulação de litígios, que não é impunemente considerado como uma *justiça de comerciantes,* facilitar a consensualização de soluções para os litígios que evitem que se chegue ao final e ao extremo de uma condenação; por isso, a arbitragem que perca esta vertente de abertura aos acordos perde uma grande parte da sua atracção[14] e não desempenha bem o seu papel estruturante.

Assim sendo, importa que uma evolução cultural – que se deseja – para o reforço da autonomia, imparcialidade e independência dos árbitros seja acompanhada por um investimento na mediação. E não tanto pela mediação prévia à arbitragem, que em regra pouco sucesso terá por ser ainda extemporânea, mas antes pela mediação durante a arbitragem, para onde os árbitros enviem as partes se e quando entendem que o litígio pode ser resolvido dessa forma.

Esta tese não está, no entanto, isenta de problemas. Foquemos-nos em alguns deles. O primeiro é o de saber se os Árbitros têm poderes e

---

[13] Idem, ib, pág. 143-4.

[14] E o mesmo aliás se pode dizer da própria Justiça comum. Quando comecei a advogar, nos anos 70, os Juízes faziam trabalho de mediação, em regra durante a então denominada audiência preparatória e até no início da audiência de julgamento, usando o prestígio e a força de que dispunham para conduzir as partes a um compromisso. Esta prática foi sendo desaconselhada pela formação no CEJ, mas em alternativa nada foi criado, nascendo assim um vazio que infelizmente tem como efeito o acentuar da litigiosidade, até porque os advogados foram perdendo o hábito de ajudar à conciliação e composição dos litígios, insistindo por vezes sem sensatez em levar o conflito até à sentença final.

competência para determinar – sem a explícita vontade das partes – que uma fase de mediação se insira no tempo do processo arbitral. O segundo problema é o de saber se o tempo em que o processo esteja suspenso para se tentar um processo de mediação deve ser retirado da contagem do prazo para a arbitragem, de novo se as partes não se tiverem posto de acordo quanto a isso. E, finalmente, importa analisar a questão da relação entre o processo arbitral e a mediação, em duas das suas vertentes: podem os árbitros indicar às partes um mediador? E podem (ou devem) os árbitros ter acesso ao relatório da mediação no caso de insucesso?

A resposta a estas questões não se retira, em minha opinião, de uma mera acção de interpretação conceptualista e dogmática das normas legais que se consigam encontrar. Bem mais de 30 anos de experiência prática reforçaram-me na tendência que bebi em Manuel de Andrade e no ensino de Mota Pinto e que, de um modo geral, caracterizava nos anos 60 a escola de Coimbra. Mas em sede de arbitragem um pendor conceptualista torna-se ainda menos razoável, atentos os fins tidos em vista pelo instituto e a vontade presumida das partes na cláusula compromissória ou no compromisso arbitral.

Em todo o caso, as respostas em questão não podem deixar de respeitar os critérios legais sobre interpretação de normas legais e de programas contratuais. E, além disso, podem e devem ser procuradas, tendo presente que todas estas questões se relacionam com o mesmo problema estrutural que está imanente ao instituto da arbitragem e que tem acompanhado toda a sua evolução ao longo de décadas: qual é o poder e a autonomia dos árbitros perante as Partes e o sistema jurídico, quando entendam que existe uma contradição ou pelo menos uma falta de sincronia entre a vontade das Partes e a convicção do painel arbitral, durante o processo arbitral, sobre acções instrumentais que podem ajudar a conduzir melhor ou mais depressa à pacificação do conflito existente?

Não é aqui o lugar e o tempo de aprofundar este tema[15]. Basta que se diga que em minha opinião a autonomia dos Árbitros não pode ser ilimitada, visto que a estrutura dos seus poderes tem de ser balizada pelo pro-

---

[15] Ver, entre outros, Michael Collins, "Do International Arbitral Tribunals have any obligations to encourage settlement of the disputes before them?", in Arbitration International, volume 19, n.º 3, 2003.

grama contratual de onde eles nascem. Mas, por outro lado, a definição dos poderes dos Árbitros deve ser feita em cada momento com base num critério teleológico em que o relevo principal deve ser dado ao objectivo genético que antecedeu o litígio (cláusula compromissória ou compromisso arbitral) ou o processo da sua resolução. E esse objectivo genético que define a vontade pré-conflitual comum não deve poder ser sabotável no terreno pelo desejo subsequente de uma das Partes em a destruir, se e quando a evolução do caso concreto tiver como consequência re-orientar a sua vontade num sentido contrário ao programa contratual que livremente assumira e que concretizara na convenção de arbitragem.

Penso por isso que na interpretação dos poderes dos Árbitros se deve aplicar o princípio do *favor arbitratis,* que por exemplo se encontra na origem do princípio *Kompetenz-Kompetenz.* O que – sem cair no vício conceptualista que estigmatizei – permite orientar o sentido da resposta às questões supra-mencionadas. Em minha opinião, realmente, as Partes quando optam pela arbitragem como meio de resolução de conflitos fazem valer uma potencialidade que o sistema jurídico lhes outorga, que é a de se submeterem a uma forma privada de Justiça, geneticamente sentida como um expoente do individualismo e do primado da vontade privada. Mas isso não pode ser confundido com um aval para que desse poder privado se possa partir para situações de exercício de direitos sem limites e sem medida, para que possam fazer actuar evoluções da vontade concreta, destruindo a certeza e a segurança que são valores essenciais do sistema jurídico e, além disso, não conseguindo aumentar a densidade do valor da Justiça, algumas vezes considerado como pólo dialéctico oposto.

Neste sentido, o poder que o sistema jurídico atribui a entidades privadas existe para se esgotar na sua concretização geral e abstracta (direito de criar uma convenção de arbitragem para resolver litígios) e depois singular e concreta (escolha dos árbitros e, por vezes, de regras processuais próprias); esgotando-se nisso, aliena-se na atribuição aos árbitros de poderes que lhes não podem ser tirados a não ser em situações muito limitadas (acordo das Partes, caducidade do poder arbitral, etc.). O que significa que constituído que seja o tribunal, e desde que este se não afaste do programa contratual que lhe deu nascença, o mandato que os árbitros recebem deve presumir-se o necessário e conveniente à resolução do litígio, sem limitações que o condicionem e devendo a interpretações de soluções concretas em caso de dúvidas ser feita em favor da máxima latitude possível para os árbitros.

Por tudo isto considero que – a menos que isso seja inequivocamente proibido aos árbitros pelas Partes ou que estas unanimemente o recusem de forma explícita – é possível ao Tribunal enviar as partes para um processo de mediação durante o processo arbitral, sempre que entendam que a pacificação do conflito pode ser obtida, com probabilidade razoável de êxito, por uma acção mediadora[16]. Pelas mesmas razões, e com as mesmas limitações, considero que o tempo de mediação deve ser descontado ao tempo que está determinado para a resolução arbitral do litígio[17]. E, finalmente, julgo que os árbitros têm o direito de indicar às Partes um mediador concreto (ou uma instituição que organize mediações, o que para este caso é o mesmo) a que devam recorrer[18]. Mas, pelos mesmos motivos que me levam a discordar da intervenção activa de árbitros em segmentos de mediação durante o processo, acho que não devem

---

[16] No direito anglo-saxónico formou-se, sobretudo a partir da Reforma Woolf de 1999, uma tendência para penalizar em custas a parte que recuse uma solução ADR para que o Juiz a remeta, no âmbito do sistema da gestão activa dos processos de litigância civil. Um exemplo relevante encontra-se em *Dunnett vs Railtrack Plc*, em que o Réu recusou a mediação, ganhou a acção, mas teve de pagar as custas, embora posteriormente e em nome do direito ao acesso à Justiça o *Court of Appeal*, noutro caso, tenha decidido em sentido contrário (ver Judith Gill, op. cit, pág. 156-7).

[17] Esta minha tese não sofre a limitação que parece decorrer do artigo 19.º da Lei 31/86. De facto interpreto essa norma, aliás na esteira da melhor jurisprudência (Acórdão STJ n.º 1776/05, relator Noronha do Nascimento), como não constituindo uma limitação que não possa ser afastada pela vontade das partes, ainda que meramente implícita e concretizada apenas em factos concludentes. Assim, se as Partes forem confrontadas por uma decisão dos árbitros de enviarem para mediação o processo e com a explícita afirmação por eles de que durante a mediação se suspende o prazo, e se não for explicitamente mencionado por uma ou por ambas que não prescindem do direito a uma decisão no prazo previsto na cláusula, no compromisso, nas regras processuais ou supletivamente na lei, deve entender-se que aceitaram tal suspensão.

[18] Esta tese é, seguramente discutível, podendo entender-se que só *de iure condito* é admissível. Entendo que não, embora reconheça que é provavelmente sensato que os árbitros devam abdicar de escolher um mediador livremente, se explicitamente uma das partes o recusar, pois a eficácia real da mediação fica seguramente muito limitada *a priori* nessa hipótese de escola.

poder ter acesso, a menos que as partes expressamente concordem com isso, ao relatório da mediação.

Como é evidente estas possibilidades que aponto como estando ao dispor dos árbitros devem entender-se que existem, sempre se e na medida em que os árbitros se não tenham auto-vinculado a agir de modo diferente, ou as partes por unanimidade tenham entendido de outro modo, ou o tenham afastado antes da constituição do tribunal arbitral. E, além disso, devem os árbitros ter em conta nesta matéria, como em muitas outras matérias processuais, o regime legal do lugar da arbitragem e a lei aplicável ao fundo da questão, que podem eventualmente não admitir estes aliás muito cautelosos poderes dos árbitros.

Não desconheço que o universo jurídico das arbitragens está, pelo menos em Portugal, ainda no que acronicamente se poderá denominar uma fase pré-histórica. Por causa disso, não existe consolidação juris-prudencial mínima que permita aconselhar soluções concretas com um mínimo de garantia de que não existam riscos de anulação de uma deci-são arbitral por causa da não aceitação pelo tribunal judicial do bem fun-dado das soluções aqui defendidas.

Por isso uma nota de cautela e prudência deve ser acrescentada. Entendo que a opção do tribunal arbitral em impor às partes uma media-ção, e ainda mais a decisão de suspender a contagem do prazo para a caducidade do processo arbitral e/ou a imposição de um mediador, tais soluções devem ser sempre tomadas por unanimidade dos árbitros e ser acompanhadas em nome do princípio da cooperação de contactos com os advogados antes de qualquer decisão ser tomada.

E considero também que a outra face da moeda de impor uma mediação às partes é a inevitável consequência dos árbitros se absterem de actuar como *"wild mediators"*. Realmente, a separação de águas só pode fazer sentido se os árbitros assumiram uma alteração do modelo cultural em que habitualmente se tende a actuar.

Para acentuar esta tendência pode também servir um procedimento que costumo usar quando desempenho funções de árbitro presidente, e que aliás se pode considerar como um dever fiduciário dos árbitros. No início do processo arbitral, após a escolha dos árbitros e a constituição formal do tribunal, convém realizar sempre uma reunião com os advoga-dos. Nesse momento fundacional existe aquilo que é em regra o máximo de espírito de cooperação e de boa fé objectiva das partes. A tensão processual ainda não se iniciou e a escolha do árbitro presidente demonstrou a possibilidade e vantagem de que a conflitualidade seja compatível com a colaboração.

Se nesse momento os árbitros colocarem as partes e os seus mandatários perante as possibilidades de resolver por acordo o litígio, e receberem a normal resposta de que isso já não é possível, será então a boa altura de as confrontar com uma proposta unânime destinada a admitir a possibilidade de no futuro o painel determinar que as partes entrem numa tentativa de mediação, com as formas e condições que atrás defendi. Será então bastante provável que tal proposta venha a merecer a concordância, sobretudo porque se está ainda num momento em que para além de quererem agradar aos árbitros também ainda não estão totalmente seguros de que não tenham vantagem nesse processo de mediação.

Para os árbitros manterem a sua liberdade, sugiro ainda que a proposta seja feita com a clara afirmação de que os árbitros entendem que não precisam do acordo das partes para isso, mas tão somente acham mais útil que se faça por acordo a admissão do princípio. Para além da óbvia vantagem de clarificação e de preservação de autonomia, este tipo de afirmação pode reduzir muito substancialmente os riscos em sede de anulação futura da decisão arbitral. É que uma recusa de uma das partes que não seja seguida de nenhuma acção procedimental reduz a probabilidade de um tribunal judicial vir a anular uma decisão com tais fundamentos (ou melhor, pelas consequências que venham a derivar da mediação); e, além disso, se logo a início uma das partes se revelar frontalmente contrária ao princípio mesmo da mediação, a sensatez dos árbitros deve levá-los a concluir – e neste momento sem dar com isso qualquer sinal de pré-conceito – que a mediação será inútil no caso concreto.

Creio que chegou o momento de que a arbitragem em Portugal possa dar um salto significativo em frente e que isso passa pelo aumento do prestígio do sistema arbitral de resolução de conflitos. Acho também que o tempo começa a estar propício a um aumento da utilização da mediação como forma de resolução de conflitos. A tese que é defendida neste texto tem esse efeito secundário, que é o de acentuar duas tendências que são manifestamente adequadas às necessidades do mundo empresarial.

**Luís de Lima Pinheiro**

Professor Catedrático da Faculdade de Direito de Lisboa

# A Arbitragem CIRDI e o Regime
# dos Contratos de Estado*

---

\* O presente trabalho foi elaborado com vista ao Estudos em Homenagem ao Prof. Doutor Paulo de Pitta e Cunha.

# I – ASPECTOS GERAIS

## A) Noção de contrato de Estado

Por contrato de Estado entende-se geralmente o contrato celebrado entre um Estado ou um ente público autónomo e um particular "nacional" de outro Estado. O contrato de Estado pode, à face da ordem jurídica do sujeito público, ser um contrato de Direito privado ou um contrato de Direito público. Mas esta qualificação não é, *a priori*, decisiva para a determinação do seu regime.

O conceito de contrato administrativo é estranho ao Direito Internacional Público [1] e é desconhecido de muitos sistemas jurídicos, designadamente dos sistemas do *Common Law* [2]. Se a ordem jurídica do sujeito público sujeitar o contrato a um regime especial de Direito público e a questão se colocar perante um tribunal da mesma ordem jurídica é de supor que este órgão aplicará directamente esse regime especial. Neste caso o contrato de Estado é equiparado a um contrato público interno. Mas já se a questão se colocar perante um órgão internacional de aplicação do Direito, perante um tribunal arbitral transnacional ou perante um órgão de aplicação do Direito de outro Estado a situação é bem diferente. Estes órgãos não estão vinculados a aplicar directamente ao contrato o regime especial de Direito público do Estado nele implicado. Por conseguinte, coloca-se um problema de determinação do Direito aplicável.

---

[1] Ver, designadamente, decisão arbitral no caso *Aminoil* v. *Koweit* (*ad hoc*, 1982) n.ºs 6-10 e 90-98 [*Clunet* 109 (1982) 869].

[2] Ver Luís de LIMA PINHEIRO – *Contrato de Empreendimento Comum (Joint Venture) em Direito Internacional Privado*, Almedina, Coimbra, 1998, 405 e n. 13, com mais referências. No caso *Texaco* v. *Libya* (*ad hoc*, 1977) [*ILR* 53: 389], n.ºs 23 e 57, o árbitro assinalou que a distinção entre contratos civis e contratos administrativos não pode ser considerada como correspondendo a um "princípio geral de Direito". No mesmo sentido ver primeira decisão sobre o mérito no caso *Amco* v. *Indonesia* (CIRDI, 1984) [*ILR* 89 (1992) 405] n.º 180, reafirmada pela segunda decisão sobre o mérito (1990) [*ILR.* 89 (1992) 580].

# 78

*Revista Internacional de Arbitragem e Conciliação*

A primeira questão suscitada pela determinação do regime de um contrato de Estado é, portanto, a de saber se este contrato se insere exclusivamente na ordem jurídica do sujeito público, por força do Direito Internacional, ou se releva noutras ordens jurídicas ou planos normativos. De um ponto de vista prático, esta questão reconduz-se à questão de saber se os litígios emergentes do contrato só podem ser apreciados pelos tribunais do Estado implicado no contrato ou podem ser dirimidos por tribunais internacionais, por árbitros transnacionais ou pelos tribunais de outro Estado. A resposta a esta questão encontra-se no estatuto dos tribunais internacionais, no Direito da Arbitragem Transnacional, nas regras internacionais aplicáveis à imunidade de jurisdição dos Estados e nas regras internas sobre a admissibilidade de pretensões de Estados estrangeiros nos tribunais locais.

### B) A jurisdição competente para dirimir as controvérsias emergentes dos contratos de Estado

Segundo a concepção tradicional, *o acesso às jurisdições internacionais* é reservado aos Estados[3]. Assim, o art. 34.°/1 do Estatuto do Tribunal Internacional de Justiça determina que só os Estados podem ser partes em causas perante o tribunal. Mas esta concepção tradicional tem perdido terreno, quer à face do Direito Internacional Público geral[4], quer perante o Direito Internacional Público convencional e derivado. Assim, a Convenção de Washington para a Resolução de Diferendos Relativos a Investimentos entre Estados e Nacionais de outros Estados, de 1965, veio criar um dispositivo arbitral – o Centro Internacional para a Resolução de Diferendos Relativos a Investimentos (CIRDI) – para a resolução de litígios directamente decorrentes de um investimento entre o investidor estrangeiro e o Estado de acolhimento.

No que toca à *arbitragem transnacional*, tende a admitir-se a sujeição a árbitros das controvérsias emergentes de contratos de Estado.

---

[3] Cf. NGUYEN QUOC/DAILLIER/PELLET – *Droit international public*, 7.ª ed., Paris, 2002, 696.

[4] Em matéria de responsabilidade penal internacional dos indivíduos.

*Doutrinal*

A tendência dominante nos sistemas jurídicos nacionais vai neste sentido e a arbitrabilidade de todos os litígios contratuais constitui hoje um princípio transnacional reconhecido pelos árbitros e pelos operadores do comércio internacional[5]. Por acréscimo, vigora em muitos sistemas nacionais, bem como no plano transnacional, a regra segundo a qual o Estado ou ente público autónomo estrangeiro não pode contestar a validade da convenção de arbitragem ou, em particular, a arbitrabilidade do litígio com base no seu Direito interno[6]. Enfim, o Estado que celebrou uma convenção de arbitragem não pode invocar a sua imunidade de jurisdição perante o tribunal arbitral nem perante o tribunal estadual que desempenhe funções de controlo da arbitragem ou de assistência à arbitragem[7].

Quanto à possibilidade de o litígio ser apreciado por tribunais de um Estado que não é o implicado no contrato, não cabe examinar aqui os *regimes da imunidade de jurisdição dos Estados e da admissibilidade de pretensões de Estados estrangeiros*[8]. Direi apenas que, segundo o entendimento dominante, que se manifesta na recente Convenção das Nações Unidas sobre as Imunidades Jurisdicionais dos Estados e dos Seus Bens (Nova Iorque, 2005), os Estados não gozam, em regra, de imunidade de jurisdição relativamente aos contratos celebrados no exercício de acti-

---

[5] Ver Luís de LIMA PINHEIRO – *Arbitragem Transnacional. A Determinação do Estatuto da Arbitragem*, Almedina, Coimbra, 2005, 116 e segs. e 219 e segs., com mais referências.

[6] Cf. Ph. FOUCHARD, E. GAILLARD e B. GOLDMAN – *Traité de l'arbitrage commercial international*, Paris, 1996, 341 e segs., e Laurence CRAIG, William PARK e Jan PAULSSON – *International Chamber of Commerce Arbitration*, 3.ª ed., Dobbs Ferry, N.Y., 2000, 642. Também segundo o art. 5.º da Resolução do *Instituto de Direito Internacional* sobre a arbitragem entre Estados, empresas públicas ou entes estaduais e empresas estrangeiras (Santiago de Compostela, 1989), um Estado, empresa ou entidade pública não pode invocar a incapacidade de celebrar uma convenção de arbitragem para recusar a sua participação na arbitragem em que consentiu – ver, sobre este preceito, Arthur VON MEHREN e Eduardo JIMÉNEZ DE ARÉCHAGA – "Arbitration between States and Foreign Enterprises. Draft Report", *Ann. Int. dr. int.* 63/I (1989) 100-140, 132 e seg.

[7] Ver, quanto a este segundo aspecto, art. 17.º da Convenção das Nações Unidas sobre as Imunidades Jurisdicionais dos Estados e dos Seus Bens (Nova Iorque, 2005).

[8] Ver LIMA PINHEIRO (n. 2) 451 e segs., e *Direito Comercial Internacional*, Almedina, Coimbra, 2005, 61 e segs., com mais referências.

Revista Internacional de Arbitragem e Conciliação

vidades económicas[9]. Mesmo nos casos em que o sujeito público possa gozar de imunidade, esta imunidade é renunciável, designadamente através de pacto atributivo de jurisdição aos tribunais de outro Estado. Se, em regra, o sujeito público não goza nesta matéria de imunidade de jurisdição, também se deve admitir que, em regra, pode actuar pretensões nesta matéria junto de tribunais de outros Estados, mesmo que fundadas no seu Direito público.

Em suma, na grande maioria dos casos os litígios emergentes de contratos de Estado podem ser apreciados por tribunais que não pertencem à organização judiciária do Estado implicado no contrato. Por conseguinte, os contratos de Estado colocam, assiduamente, um problema de determinação do Direito aplicável. O ramo do Direito que se ocupa da determinação do Direito aplicável a situações transnacionais é o Direito Internacional Privado. Mas os contratos de Estado revestem-se de certa especificidade, que coloca problemas especiais e pode, eventualmente, justificar soluções especiais.

### C) A determinação do Direito aplicável aos contratos de Estado nos tribunais estaduais

Vejamos o que se passa com a determinação do Direito aplicável aos contratos de Estado nos tribunais estaduais. Na grande maioria dos sistemas, nem o legislador nem, na sua omissão, a jurisprudência, sentiu a necessidade de formular soluções especiais para os contratos internacionais com elementos públicos. Por conseguinte, o Direito aplicável aos contratos de Estado determina-se, *em princípio*, com base no Direito de Conflitos geral, i.e., o Direito de Conflitos geralmente aplicável, nos tribunais estaduais, aos contratos obrigacionais. É o que se tem verificado perante a Convenção de Roma sobre a Lei Aplicável às Obrigações Contratuais (1980).

Com efeito, contrariamente à Convenção de Bruxelas Relativa à Competência Judiciária e à Execução de Decisões em Matéria Civil e

---

[9] A principal excepção são os contratos de trabalho (art. 2.°/1/c), em que a Convenção consagrou uma solução de compromisso.

*Doutrinal*

Comercial (1968), bem como ao Regulamento n.° 44/2001 que a veio substituir nas relações entre Estados-Membros por ele vinculados, a Convenção de Roma não limitou o seu âmbito de aplicação à "matéria civil e comercial" nem excluiu a sua aplicação a "matérias administrativas"[10]. Tão-pouco resulta do Relatório GIULIANO/LAGARDE a exclusão de contratos com elementos públicos[11].

A razão de ser desta divergência não está inteiramente esclarecida, mas é razoável pensar que o legislador internacional ao mesmo tempo que não quis interferir com as regras internas de competência judiciária com respeito a contratos que envolvem o exercício de poderes de autori-

---

[10] Ver, sobre o sentido desta exclusão, Luís de LIMA PINHEIRO – *Direito Internacional Privado*, vol. III – *Competência Internacional e Reconhecimento de Decisões Estrangeiras*, Almedina, Coimbra, 2002, 60 e seg.

[11] No Relatório GIULIANO sobre o anteprojecto de Convenção (1972) afirmava-se a aplicabilidade das regras uniformes aos contratos celebrados entre um Estado e um particular, desde que se tratasse de contratos inseridos na esfera do Direito privado [n.° 1 *in fine*]. Desta passagem parecia inferir-se a exclusão dos contratos públicos. Neste sentido, e criticamente, Kurt LIPSTEIN – "Comments on Arts. 1 to 21 of the Draft Convention", *in European Private International Law of Obligations*, org. por LANDO/VON HOFFMANN/ SIEHR, 1975, 155-164, n.° 7. Tal afirmação não veio a constar, porém, do Relatório GIULIANO/LAGARDE sobre a Convenção. Pelo contrário, este relatório não deixa de invocar [16], em abono do princípio da autonomia da vontade, a decisão do TPJI no caso dos empréstimos sérvios e as decisões arbitrais nos casos *Saudi Arabia* v. *Arabian American Oil Company* (*Aramco*) (*ad hoc*, 1958) [*ILR* 27: 117], relativo a um contrato de concessão de prospecção e exploração de petróleo, que, no entender do tribunal arbitral, fora celebrado no exercício de um poder soberano e teria um carácter misto público e privado – cf. LIPSTEIN – "International Arbitration Between Individuals and Governments and the Conflict of Laws", *in Contemporary Problems of International Law. Essays in Honour of Georg Schwarzenberger*, org. por BIN CHENG e E. BROWN, 177-195, Londres, 1988, 183; *Sapphire International Petroleums Ltd.* v. *National Iranian Oil Company* (*ad hoc*, 1963) [*ILR* 35: 136], relativo ao incumprimento de um "contrato de concessão", que, na verdade, era um contrato misto de concessão e empreendimento comum; e, *Texaco* v. *Libya* (n. 2), com respeito a um contrato de concessão de exploração de petróleo, em que o árbitro RENÉ-JEAN DUPUY afastou a qualificação de contrato administrativo à face do Direito líbio, por entender que o Estado ou autoridade administrativa lidou com a outra parte numa base de igualdade, que não se tratou de uma operação ou exploração de serviço público e que a distinção entre contratos civis e administrativos, sendo desconhecida de muitos sistemas, não pode ser considerada como correspondendo a uma "princípio geral de Direito".

# 82

*Revista Internacional de Arbitragem e Conciliação*

dade (e em que podem estar em causa problemas de imunidade de juris-dição), quis estabelecer um regime de determinação do Direito aplicável com respeito a todos os contratos obrigacionais que "impliquem um con-flito de leis". Quando os tribunais de um Estado se ocupem de contratos que são submetidos pela ordem jurídica do foro a um regime especial de Direito público não se suscita um "conflito de leis" e, por isso, é aplicá-vel directamente o Direito público interno. Quando os tribunais de um Estado se ocupem de contratos em que estão implicados sujeitos públi-cos estrangeiros suscita-se sempre um "conflito de leis" e, por isso, tem de recorrer-se à Convenção de Roma para determinar o Direito aplicável. Não é outro o entendimento largamente dominante[12].

---

[12] Cf. François RIGAUX – "Examen de quelques questions laissées ouvertes par la convention de Rome sur la loi applicable aux obligations contractuelles", *Cahiers de Droit Européen* 24 (1988) 306-321, 313-314 e 319 e segs.; *Dicey, Morris and Collins on the Conflict of Laws*, 14.ª ed., vol. II, Londres, 2006, 1547 e seg. e 1567 e seg.; Pierre MAYER e Vincent HEUZÉ – *Droit international privé*, 8.ª ed., 2004, 513; Dieter MARTINY *in Internationales Vertragsrecht – Das internationale Privatrecht der Schuld-verträge*, org. por Cristoph REITHMANN e Dieter MARTINY, 6.ª ed., Colónia, 2004, n.º 147; Alfonso-Luis CALVO CARAVACA e Javier CARRASCOSA GONZÁLEZ – *Derecho Inter-nacional Privado*, 8.ª ed., Granada, 2007, 452 e 453, com excepção de aspectos "de puro Direito público" de contratos relacionados com "mercados públicos" (aparentemente os autores têm em vista os aspectos relacionados com o concurso público); aparentemente, Gerhard KEGEL e Klaus SCHURIG – *Internationales Privatrecht*, 9.ª ed., Munique, 2004, 661. Ver também, no sentido da aplicação do Direito de Conflitos geral, PIERRE LALIVE – "L'État en tant que partie a des contrats de concession ou d'investissement conclus avec des sociétés privées étrangères", *in UNIDROIT – New Directions in International Trade*, vol. I, 317-373, 1977, 343 e seg.; Id. – "Sur une notion de ´Contrat internatio-nal`", *in Multum non Multa, FS Kurt Lipstein*, 135-155, 1980, 151 e segs.; VAN HECKE – "Contracts between States and Foreign Private Law Persons", *in EPIL*, 2.ª ed., vol. VII, 1992, n.º 1; Bernd VON HOFFMANN *in* FISCHER/VON HOFFMANN – *Staatsunternehmen im Völkerrecht und im Internationalen Privatrecht*, Heidelberga, 1984, 57 e seg.; e Ian BROWNLIE – *Principles of Public International Law*, 6.ª ed., Oxford, 2003, 525.

Cp., em sentido contrário, Peter KAYE – *The New Private International Law of Contract of the European Community*, Aldershot et al., 1992, 111; Dário MOURA VICENTE – "Direito aplicável aos contratos públicos internacionais", *in Est. Marcello Caetano*, 289-311, Coimbra, 2006, 198, com respeito aos "contratos administrativos internacio-nais"; aparentemente, também Bernard AUDIT – *Droit international privé*, 4.ª ed., Paris, 2006, 667 e seg.

No entanto, a situação vai ser alterada com a adopção do Regulamento comunitário sobre a Lei Aplicável às Obrigações Contratuais (designado Regulamento Roma I) que virá substituir a Convenção de Roma. Com efeito, este Regulamento alinha o seu âmbito material de aplicação com o do Regulamento n.º 44/2001 e, assim, circunscreve-se à "matéria civil e comercial" e exclui as "matérias administrativas". Esta alteração não é feliz, porque limita o alcance da unificação e, na falta de soluções especiais, suscita uma indesejável incerteza e imprevisibilidade sobre a determinação do Direito aplicável aos contratos de Estado que envolvam o exercício de poderes de autoridade.

À face da Convenção de Roma e do Regulamento Roma I, as partes podem escolher o Direito estadual ou local aplicável ao contrato sem qualquer limite (art. 3.º). Esta solução é adequada aos contratos de Estado, mas como dificilmente o sujeito público aceitará submeter o contrato ao Direito de outro Estado, esta escolha só será realizada se o contraente particular aceitar a aplicabilidade do Direito do Estado contratante.

Na falta de escolha pelas partes, a Convenção de Roma manda aplicar a lei do país que apresenta a conexão mais estreita com o contrato (art. 4.º/1 e 5) e, em caso de dúvida, presume a conexão mais estreita com o país do devedor da prestação característica (art. 4.º/2). Isto significa, por exemplo, que em caso de dúvida na determinação da conexão mais estreita se aplica, no contrato de venda, a lei do vendedor e, no contrato de prestação de serviço, a lei do prestador de serviço. A Convenção não estabelece qualquer regime especial para os contratos internacionais entre sujeitos públicos e particulares.

Em tese geral, um sector representativo da doutrina tem defendido uma "presunção" favorável à competência do Direito do Estado parte no contrato (ou do Estado a que pertence o ente público autónomo parte no contrato)[13]. Esta posição não é compatível com o Direito de Conflitos

---

[13] Ver, neste sentido, Georg Schwarzenberger – *International Law*, vol. I, Londres, 1957, 147; Kegel/Schurig (n. 12) 661 (mantendo a posição expressa nas edições anteriores); aparentemente no sentido de se tratar de uma presunção que só funciona com respeito a contratos de Direito público, *Dicey, Morris and Collins* (n. 12) 1548; no mesmo sentido, Rigaux [(n. 12) 314; Henri Batiffol e Paul Lagarde – *Droit international privé*, 7.ª ed., Paris, 1983,298, considerando "pouco prático que as operações de Direito público sejam regidas por uma lei estrangeira"; Audit (n. 12) 668, afirmando

contido na Convenção de Roma. O que pode discutir-se, à face do art. 4.°
da Convenção de Roma, é se a circunstância de uma das partes ser um
Estado ou outro sujeito público estadual constitui um elemento relevante
para a determinação da conexão mais estreita.

Parece de acolher a opinião segundo a qual não é de atribuir à qualidade de sujeito público de uma das partes um valor especial na determinação da lei objectivamente competente[14].

---

a presunção com respeito aos contratos que o Estado celebra na sua qualidade própria, mas admitindo uma diferenciação entre os contratos em que o particular se coloca sob a égide do regime de Direito público do Estado contraente – designadamente os contratos administrativos cuja celebração é precedida de procedimentos específicos, tais como, por exemplo, o concurso público – e que estarão indubitavelmente submetidos ao Direito deste Estado, e aqueloutros, como é geralmente o caso dos contratos de investimento ou desenvolvimento económico, em que a recusa do particular a submeter-se exclusivamente à lei do Estado contratante se exprime mediante cláusulas que remetem para um Direito diferente, cláusulas de estabilização ou intangibilidade e cláusulas atribuindo competência exclusiva a outras jurisdições; e François RIGAUX e Marc FALLON – *Droit international privé*, 3.ª ed., Bruxelas, 2005, 863.

Ver ainda o § 3.° do art. 24.° do Anteprojecto de 1951, da autoria de FERRER CORREIA, que consagrava, na falta de designação pelas partes, a aplicação das "leis territoriais do Estado ou ente público contratante", aos "contratos celebrados com o Estado ou entes públicos congéneres, para a realização de um serviço público"; Annie TOUBIANA – "Contrat administratif", *in Rép. dr. int.*, vol. I., 1968, n.° 9, favorecendo a formulação de uma regra bilateral segundo a qual os contratos administrativos seriam regidos pela lei do Estado ou da pessoa colectiva pública contratante; A. F. MANIRUZZAMAN – "International Commercial Arbitration: The Conflict of Laws Issues in Determining the Applicable Substantive Law in the Context of Investment Agreements", *NILR* 40 (1993) 201-237, 213 e segs.; VISCHER/VON PLANTA – *Internationales Privatrecht*, 2.ª ed., Basileia, 1982, 176; e, *Kommentar zum Bundesgesetz über das Internationale Privatrecht (IPRG) vom 1. Januar 1989*, org. por Anton HEINI, Max KELLER, Kurt SIEHR, Frank VISCHER e Paul VOLKEN, – KELLER – KREN KOSTKIEWICZ, Art. 116-117 [n.°s 39 e 45], defendendo que o contrato conformado essencialmente por regime imperativo de Direito público de um Estado, que esteja em posição de efectivar este regime, se considera como "objectivamente localizado" nesta ordem jurídica com exclusão da escolha pelas partes do Direito aplicável; esta posição não é mantida na edição mais recente (*Zürcher Kommentar*).

[14] Cf. PIERRE LALIVE (n. 12) loc. cit.; VAN HECKE (n. 12) n.° 1 afirmando que a opinião dominante é contrária à existência de uma presunção a favor do Direito do sujeito público; VON HOFFMANN (n. 12) 57; LIMA PINHEIRO (n. 2) 1228 e segs.; Id. – "O problema do Direito aplicável aos contratos internacionais celebrados pela Administração Pública", *Direito e Justiça* 13 (1999) 29-64; Id. – "Contratos de Estado", *in Estudos de*

Certamente que os Estados e os entes públicos autónomos, quando celebram contratos com particulares nacionais de outros Estados, prosseguem interesses públicos. Mas este facto não justifica uma desigualdade de tratamento das partes pelo Direito Internacional Privado. O sujeito público ajuizará do melhor modo de prosseguir os interesses públicos postos a seu cargo. Se entender que a tutela dos interesses públicos exige a sujeição aos tribunais e à lei do Estado implicado na relação, mesmo que isso, como é natural, se repercuta no pagamento de uma contrapartida mais onerosa pelos bens ou serviços fornecidos, o sujeito público deverá assegurá-lo na selecção do instrumento contratual e na conformação do contrato, designadamente através de cláusulas de jurisdição e de designação do Direito aplicável apropriadas. Se o sujeito público não o faz, permitindo aos tribunais de outros Estados que apreciem o contrato e não excluindo a aplicação da lei de outros Estados, não cabe ao Direito de Conflitos destes Estados sacrificar o equilíbrio de interesses entre as partes, que aponta no sentido da aplicação da lei que apresenta a conexão mais significativa com o contrato.

O Regulamento Roma I dá uma nova redacção ao art. 4.° que passa a estabelecer como regra supletiva primária a competência do Direito da residência habitual do devedor da prestação característica (n.°s 1 e 2). Considera-se que as pessoas colectivas têm residência habitual no

---

*Direito Internacional Privado*, 105-132, Almedina, Coimbra, 2006, 123; REITHMANN/ MARTINY/MARTINY (n. 12) n.° 147. No mesmo sentido pode já ser invocada a decisão TPJI de 12/7/1929, no caso dos empréstimos sérvios [*Clunet* 56 (1929) 1002]. Em relação aos contratos de empreendimento comum, François KNOEPFLER e Olivier MERKT – "Les accords de joint venture et les limites du droit international prive", in *Conflits et harmonisation, Mélanges Alfred von Overbeck*, 747-768, Friburgo, 1990, 756 e seg.

A Resolução do *Instituto de Direito Internacional* sobre a lei do contrato nos contratos entre um Estado e uma pessoa privada estrangeira (Atenas, 1979), não estabelece qualquer distinção em função do carácter administrativo ou do regime aplicável à face do Direito do sujeito público, nem consagra a presunção de conexão mais estreita com este Direito. Sobre esta resolução ver VAN HECKE – "Les accords entre un État et une personne privée étrangère. Rapport provisoire", *Ann. Inst. dr. int.* 57-I (1977) 192-202, *maxime* 196 e seg. e 200 e segs., e "Les accords entre un État et une personne privée étrangère. Rapport définitif", *Ann. Inst. dr. int.* 57-I (1977) 246-252, e, cp. posição parcialmente divergente de BATIFFOL e SEIDL-HOHENVELDERN in *Ann. Inst. dr. int.* 57-I (1977) 209 e segs. e 231 e segs., respectivamente, e, a favor do entendimento que prevaleceu na Comissão, PIERRE LALIVE [op. cit. 225 e seg.].

local onde se situa a administração central ou, se o contrato foi celebrado no âmbito da exploração de um estabelecimento situado noutro local, o local onde se situa este estabelecimento (art. 19.°). Esta regra primária é limitada por uma cláusula de excepção que permite aplicar a lei de outro país se resultar claramente do conjunto das circunstâncias do caso que o contrato apresenta uma conexão manifestamente mais estreita com este país (art. 4.°/3).

Admito que o reforço da competência atribuída ao Direito da parte que fornece os bens ou serviços possa ser particularmente inconveniente com respeito aos contratos de Estado. Mas teria sido preferível estabelecer uma regra especial para estes contratos que mantivesse o regime estabelecido pela Convenção de Roma. A exclusão dos contratos de Estado que envolvam o exercício de poderes de autoridade do âmbito de aplicação do Regulamento Roma I coloca a questão de saber se deverá ser aplicado a estes contratos o Direito de Conflitos de fonte interna que, no nosso caso, consta dos arts. 41.° e 42.° CC. A meu ver, este regime, ao limitar a liberdade de escolha da lei aplicável e ao estabelecer, como regra supletiva para os contratos onerosos entre partes localizadas em países diferentes, a competência da lei do lugar da celebração, é inadequado aos contratos de Estado.

Numa primeira aproximação, parece-me defensável que os tribunais portugueses apliquem analogicamente o regime do Regulamento Roma I a esses contratos de Estado, com os ajustamentos que se imponham. No que toca à regra supletiva, entendo que esses contratos deverão ficar sujeitos à lei do país com o qual apresentam uma conexão mais estreita (art. 4.°/4).

Na prática, na omissão de uma escolha expressa do Direito aplicável estas soluções conduzem frequentemente à aplicação do Direito do Estado implicado no contrato. Por duas razões.

Por um lado, porque por vezes as partes utilizam um formulário predisposto pelo sujeito público ou pelas autoridades do respectivo Estado, que se baseia no Direito deste Estado. Se tal não for suficiente para inferir uma designação tácita, constituirá pelo menos um indício que aponta para a existência de uma conexão mais estreita com este Estado[15].

---

[15] Mas será sempre necessário atender ao conjunto das circunstâncias.

## Doutrinal

Por outro, a conexão mais estreita com o Estado implicado na relação resulta muitas vezes de se tratar, simultaneamente, do Estado de uma das partes e daquele em cujo território se situa o lugar da execução principal do contrato.

Da aplicação do Direito do sujeito público decorre, porém, um óbvio desequilíbrio na relação. As regras legais de protecção do investidor estrangeiro, incluindo as garantias constitucionais, estão sujeitas a modificação em caso de alteração da situação política. O Estado implicado no contrato também tem o poder de, mediante actos normativos ou administrativos, modificar ou pôr termo às obrigações contratuais[16]. A aplicação do Direito local vem assim acrescer ao risco que já decorre das possibilidades de intervenção do Estado de acolhimento sobre os bens pertencentes ao investidor que se encontrem no seu território.

Na impossibilidade de encontrar uma solução satisfatória para ambas as partes mediante a remissão para o Direito do Estado de acolhimento ou para o Direito de qualquer outro Estado, restavam fundamentalmente duas soluções: ou submetê-lo ao Direito Internacional Público ou a regras e princípios transnacionais, independentemente de integrarem o Direito Internacional Público[17]. A problemática dos contratos de Estado pesou no desenvolvimento das teses favoráveis ao Direito autónomo do comércio internacional, e a "transnacionalização" destes contratos tem importância no contexto da arbitragem transnacional[18]. Mas no presente estudo interessa-nos focar o fenómeno da "internacionalização" destes contratos.

---

[16] Ver Albino de AZEVEDO SOARES – *Lições de Direito Internacional Público*, 4.ª ed., Coimbra, 1988, 133 e seg.; Rui MOURA RAMOS – *Da Lei Aplicável ao Contrato de Trabalho Internacional*, Coimbra, 1991, 480 e segs.; e Matthias HERDEGEN – *Internationales Wirtschaftsrecht*, 6.ª ed., Munique, 2007, 238.

[17] Ver Henri BATIFFOL – *Aspects philosophiques du droit international privé*, Paris, 1956, 96 e segs., e Alfred VERDROSS – "Gibt es Verträge die weder dem innerstaatlichen Recht noch dem Völkerrecht unterliegen?", *ZRvgl.* 6 (1965) 129-134, 130.

[18] Ver LIMA PINHEIRO (n. 14 [1999]) 54 e segs. e (n. 14 [2006]) 124 e segs. Em geral, sobre a determinação do Direito aplicável ao mérito da causa na arbitragem transnacional, ver LIMA PINHEIRO (n. 5) 234 e segs.

## D) A "internacionalização" dos contratos de Estado

Os contratos de Estado são tradicionalmente encarados como negócios jurídicos de Direito estadual, celebrados com particulares que não são sujeitos de Direito Internacional e que não geram obrigações internacionais. Os contratos de Estado só relevam indirectamente na ordem jurídica internacional, em sede de protecção dos direitos dos estrangeiros, em especial perante actos de expropriação dos seus direitos patrimoniais.

Estas regras internacionais de protecção do investidor estrangeiro dão azo a muitas dúvidas e incertezas, designadamente quanto à determinação da compensação devida em caso de expropriação. A responsabilidade internacional do Estado de acolhimento do investimento, por prejuízos causados ao investidor em consequência da violação destas regras, só pode ser actuada pelo Estado da nacionalidade do investidor, ao abrigo da protecção diplomática. Por conseguinte, o investidor fica também sujeito à vontade política do Estado da sua nacionalidade no exercício da protecção diplomática, naturalmente condicionada às relações com o Estado de acolhimento do investimento[19].

A principal via que os investidores estrangeiros encontraram para superarem a desigualdade em que se encontravam perante o Estado de acolhimento foi a "internacionalização" do contrato ao nível normativo e institucional. Ao nível normativo, através da sujeição do contrato ao Direito Internacional Público. Ao nível institucional, através da criação de jurisdições, organizadas pelo Direito Internacional Público, com competência para dirimir os litígios emergentes de contratos de investimento.

O caminho seguido, porém, não foi linear. Nas primeiras contribuições sobre a "internacionalização" dos contratos de Estado, a preocupação de evitar que os Estados possam invocar a sua própria legislação para se eximir ao cumprimento das obrigações assumidas conduz já a duas atitudes bem distintas[20].

Para uns, trata-se de reconhecer a existência de um *problema de conflito de leis e da liberdade de escolha, pelas partes, de um Direito*

---

[19] Ver também HERDEGEN (n. 16) 242.

[20] Para uma exposição pormenorizada das tendências de "internacionalização" dos contratos de Estado, ver LIMA PINHEIRO (n. 2) 717 e segs.

*diferente do Estado contratante*, para reger o contrato como sua *proper law*. Pelas razões anteriormente assinaladas esta escolha incide, na maior parte dos casos, sobre Direito não-estadual, e as atenções vão dirigidas à admissibilidade e sentido desta referência. Esta linha de pensamento surge em MANN [21].

Outros, mais favoráveis a uma ampliação do domínio do Direito Internacional, centram-se na indagação do *regime internacional aplicável a estes contratos* e tendem a reconhecer uma *relevância directa destes contratos, ou de parte deles, perante o Direito Internacional*. É o caso de JESSUP [22].

Nas contribuições posteriores mantém-se esta dualidade de perspectivas.

Uma doutrina representada por PROSPER WEIL e RENÉ-JEAN DUPUY entende a evolução entretanto verificada no sentido da radicação de certos contratos de Estado na ordem jurídica internacional e da revelação ou desenvolvimento de um conjunto de princípios e soluções adequados à disciplina destes contratos que constituem um domínio específico dentro do Direito Internacional Público[23]. E, autores como BÖCKSTIEGEL e

---

[21] Ver Frederick A. MANN – "The Law Governing State Contracts", *Brit. YBIL* 21 (1944) 11-33; Id. – "State Contracts and International Arbitration", *Brit. YBIL* 42 (1967) 1-37; Id. – "About the Proper Law of Contracts between States", *in Studies in International Law*, 241-255 Oxford, 1973; Id. – "The Theoretical Approach Towards the Law Governing Contracts between States and Private Foreign Persons", *in Further Studies in International Law* (1990), 264-269, 1975; Id. – "The Consequences of an International Wrong in International and National Law", *in Further Studies in International Law* (1990), 124-198, 1975/1976; Recensão a PETER [1974], *RabelsZ.* 41 (1977) 185-187; Id. – "State Corporations in International Relations", *in Further Studies in International Law* (1990), 199-216, Oxford, 1987. Para uma exposição mais desenvolvida do pensamento deste autor ver LIMA PINHEIRO (n. 2) 738 e segs.

[22] Ver Philip JESSUP – *A Modern Law of the Nations*, Nova Iorque, 1949, 15 e segs., 94 e segs., 124 e 125 e segs. e 155 e seg. Para uma exposição mais desenvolvida do pensamento deste autor ver LIMA PINHEIRO (n. 2) 735 e segs.

[23] Ver PROSPER WEIL – "Problèmes relatives aux contrats passés entre un Etat et un particulier", *RCADI* 128 (1969) 95-240; Id. – "Les clauses de stabilisation ou d'intangibilité insérées dans les accords de développement économique", *in Mélanges Charles Rousseau*, 301-328, Paris, 1974; Id. – "Le contrôle par les tribunaux nationaux de la licité internationale des actes des Etats étrangers", *Ann. fr. dr. int.* 23 (1977) 9-52 ; Id. – "Droit international et contrats d'État", *in Le droit international: unité et diversité, Mélanges*

PETER FISCHER afirmam que certos contratos de Estado são negócios de Direito Internacional e que o contraente particular adquire uma personalidade internacional limitada[24].

Uma outra tendência de desenvolvimento adopta uma perspectiva essencialmente conflitual, que se manifesta na Resolução do *Instituto de Direito Internacional* sobre a lei do contrato nos acordos entre um Estado e uma pessoa privada estrangeira (Atenas, 1979). Esta Resolução admite a escolha pelas partes, como lei do contrato, seja de um ou vários Direitos internos ou dos princípios comuns a estes Direitos, seja dos princípios gerais de Direito, seja dos princípios aplicados nas relações económicas internacionais, seja do Direito Internacional, seja ainda de uma combinação destas fontes do Direito (art. 2.°). Na falta de escolha pelas partes, "a escolha do Direito aplicável resulta dos índices que permitam estabelecer a mais estreita conexão do contrato" (art. 5.°)[25].

Terceira parte da doutrina assumiu posições intermédias entre estas tendências[26].

---

*Paul Reuter*, 549-582, Paris, 1981; Id. – "Principes généraux du droit et contrats d'État", in *Études Berthold Goldman*, 387-414, Paris, 1982 ; RENÉ-JEAN DUPUY na decisão no caso *Texaco* (*supra* n. 2). Para uma exposição mais desenvolvida desta tese ver LIMA PINHEIRO (n. 2) 747 e segs.

[24] Ver Karl-Heinz BÖCKSTIEGEL– *Der Staat als Vertragspartner ausländischer Privatunternehmen*, Francoforte-sobre-o-Meno, 1971, 178 e segs., 184 e segs., 233 e segs. e 303 e segs; PETER FISCHER – *Die internationale Konzession*, Viena e Nova Iorque, 1974, 345 e segs. e 438 e segs.; Id. – "Bemerkungen zur Lehre von Alfred Verdross über den 'quasi-völkerrechtlichen' Vertrag im Lichte der neuersten Entwicklung – Zugleich ein Beitrag zur Theorie über die vertraglichen Rechtsbeziehungen zwischen Staaten und transnationalen Unternehmen", in *FS Alfred Verdross*, 379-401, Berlim, 1980, 384 e segs. Entre nós, ver FAUSTO DE QUADROS – "Direito Internacional Público I – Programa, conteúdos e métodos de ensino", *RFDUL* 32 (1991) 351-462, 445; ANDRÉ GONÇALVES PEREIRA/FAUSTO DE QUADROS – *Manual de Direito Internacional Público*, 3.ª ed., Coimbra. 1993, 176 e segs.; LIMA PINHEIRO (n. 2) 781 e segs.; Id. – *Direito Comercial Internacional*, Almedina, Coimbra, 2005, 153 e segs. Para uma exposição mais desenvolvida desta tese ver LIMA PINHEIRO (n. 2) 763 e segs.

[25] Ver também Frank VISCHER, Lucius HUBER e David OSER – *Internationales Vetragsrecht*, 2.ª ed., Berna, 2000, 72 e seg.

[26] Ver exposição desta doutrina em LIMA PINHEIRO (n. 2) 766 e segs.

91

*Doutrinal*

## II – O SIGNIFICADO DA ARBITRAGEM CIRDI PARA A "INTER-NACIONALIZAÇÃO" DOS CONTRATOS DE ESTADO

Quando se indaga do significado da arbitragem CIRDI para a "internacionalização" dos contratos de Estado, a primeira observação que se oferece é a de que nem todos os litígios resultantes de contratos de Estado podem ser sujeitos à arbitragem CIRDI propriamente dita[27].

Como já se observou, este centro só tem competência relativamente aos diferendos de natureza jurídica resultantes directamente de um investimento. Para o efeito releva um conceito amplo de investimento internacional[28]. Segundo este conceito amplo, constitui investimento toda a

---

[27] O Conselho Administrativo do Centro decidiu que este também poderia organizar arbitragens tendo por objecto diferendos em que uma das partes não é um Estado contratante (ou um ente autónomo deste Estado) ou um nacional de outro Estado contratante e que não digam directamente respeito a um investimento. Criou-se para o efeito um "mecanismo suplementar" [*Additional Facility*] que aplica regras de arbitragem baseadas principalmente nas regras da CNUDCI e da CCI. Um certo número de acordos bilaterais para a promoção e protecção de investimentos remete a solução dos diferendos para este dispositivo adicional. Embora organizadas pelo Secretariado do Centro, estas arbitragens encontram-se fora do âmbito da Convenção CIRDI, estando por conseguinte submetidas aos regimes aplicáveis às restantes arbitragens comerciais internacionais – cf. Giorgio SACERDOTI – "La convenzione di Washington del 1965: bilancio di un ventenio dell'ICSID", *RDIPP* 23 (1987) 13-40, 36 e seg.

[28] Ver Aron BROCHES – "The Convention on the Settlement of Disputes between States and Nationals of Other States", *RCADI* 156 (1972) 331-410, 362 e seg., assinalando que se prescindiu de uma definição de "investimento" por ser essencial o consentimento das partes; Georges DELAUME – "State Contracts and Transnational Arbitration", *Am. J. Int. L.* 75 (1981) 748-819; e Moshe HIRSCH – *The Arbitration Mechanism of the International Centre for the Settlement of Investment Disputes*, Dordrecht et al., 1992, 22 e 58 e segs. Cp. Paul REUTER – "Réflexion sur la compétence du centre créé par la convention pour le règlement des différends relatifs aux investissements entre Etats et ressortissants d'autres États", *in Investissements étrangers et arbitrage entre Etats et personnes privées*, 9-24, 1969, 18 e seg. Sobre as oscilações da jurisprudência do CIRDI e as dificuldades que suscita na determinação do conceito de investimento, ver Maria Rosaria MAURO – "Nuove questioni in tema di arbitrato tra Stato e investitore straniero nella recente giurisprudenza dei tribunali dell'ICSID", *RDIPP* 42 (2006) 67-108, 76 e segs. No contexto de litígios relativos a tratados bilaterais de protecção do investimento, a ideia dominante é a de que se deve ter em conta a definição de investimento do tratado, mas que esta definição só releva se for compatível com o objectivo e o fim da Convenção

operação em que se realiza uma afectação de meios produtivos, com uma certa duração de execução e participação nos riscos e que contribui para o desenvolvimento do Estado de acolhimento do investimento[29]. Tanto se pode tratar de relações que o sujeito público estabelece no âmbito da gestão privada como no da gestão pública[30].

Segundo, a arbitragem CIRDI representa *uma plena "internacionalização" ou, com mais rigor, uma "internacionalpublicização", ao nível institucional.* Se as partes nisso consentirem (art. 25.°/1 da Convenção CIRDI), a jurisdição competente para dirimir os litígios emergentes do contrato de investimento é uma jurisdição arbitral organizada por uma Convenção internacional, que regula o seu funcionamento e o reconhecimento e execução das suas decisões.

Por certo que, como já se notou, as pretensões do investidor já podiam anteriormente ser actuadas pelo Estado da sua nacionalidade por meio do instituto da protecção diplomática. Mas este instituto remetia a resolução do diferendo para o contencioso interestadual, enquanto a Convenção CIRDI introduz um mecanismo de resolução de diferendos que opera directamente entre o investidor e o Estado de acolhimento e que não está sujeito aos condicionamentos políticos e diplomáticos das relações entre os Estados.

---

CIRDI – cf. decisão sobre anulação no caso *CMS Gas Transmission Company* v. *Argentine* (2007) [*in http://www.worldbank.org/icsid/cases*], n.° 72.

[29] Cf. decisão *Salini Costruttori S.p.A. and Italstrade S.p.A.* v. *Morocco* (decisão sobre competência, 2001), n.° 52. O conceito de investimento estrangeiro aqui relevante inclui, além das operações tradicionalmente consideradas como tal, contratos de partilha de exploração, contratos de realização de unidades industriais envolvendo importantes transferências de tecnologia, "contratos de gestão" e contratos de licença de direitos de propriedade industrial, contanto que haja uma participação no risco. Ver Dominique CARREAU e Patrick JUILLARD – *Droit international économique*, 1.ª ed., Paris, 2003, 387 e segs., e, com mais desenvolvimento, Sébastien MANCIAUX – *Investissements étrangers et arbitrage entre États et ressortissants d'autres États*, Paris, 2004, 43 e segs.

[30] A competência do CIRDI não se limita aos contratos de investimento, antes se estende, *ratione materiae*, a todos os diferendos de natureza jurídica directamente decorrentes de um investimento. Com a proliferação dos tratados bilaterais que conferem ao investidor a faculdade de recurso à arbitragem CIRDI, surgiram numerosos casos relativos a investimentos em que não foi celebrado um contrato de investimento (mas que, em muitos casos, foram realizados ao abrigo de um sistema de autorização administrativa).

## Doutrinal

A "internacionalpublicização" institucional dos contratos de investimento operada pela arbitragem CIRDI é reforçada pela circunstância de a jurisprudência do CIRDI se ter orientado no sentido de que as cláusulas dos contratos que atribuem competência aos tribunais do Estado de acolhimento ou a outros tribunais arbitrais não prejudicam a competência do tribunal arbitral CIRDI para as pretensões fundadas na violação de um tratado bilateral de protecção do investimento[31].

Neste contexto, é de sublinhar que o próprio incumprimento do contrato de investimento pode ser elevado a uma violação do tratado por efeito da chamada *"umbrella clause"*. Trata-se de uma cláusula do tratado que estabelece o dever de cumprimento de obrigações assumidas pelo Estado de acolhimento em actos de Direito estadual, designadamente no contrato de investimento. À falta de melhor tradução falarei de "cláusulas-quadro". Observe-se, porém, que na jurisprudência do CIRDI têm surgido profundas divergências sobre a interpretação e efeito destas cláusulas[32].

---

[31] Cf., designadamente, decisões sobre competência nos casos *Lanco* v. *Argentine* (1998) [40 *ILM* 457 (2001)], *Salini* v. *Morocco* (2001) [*Clunet* (2002) 196] e *Impreglio S.p.A.* v. *Pakistan* (2005) [*in http://www.worldbank.org/icsid/cases*], e decisão sobre anulação no caso *Compañia de Aguas del Aconquija and Vivendi* v. *Argentine* (2002) [*in http://www.worldbank.org/icsid/cases*].

[32] Numa primeira decisão sobre competência, no caso *SGS* v. *Pakistan* (CIRDI, 2003) [*in http://www.worldbank.org/icsid/cases*], os árbitros fizeram uma interpretação restritiva da cláusula contida no tratado de protecção do investimento, concluindo que ela não tinha por efeito transformar em violações do tratado as violações do contrato de investimento. O mesmo entendimento foi acolhido, em *obter dicta*, pela decisão no caso *Joy Mining Machinery Limited* v. *Egypt* (2004) [*in http://www.worldbank.org/icsid/cases*], n.° 81. Mais recentemente, na decisão *El Paso Energy International Company* v. *Argentine* (2006) [*in http://www.worldbank.org/icsid/cases*] os árbitros foram ainda mais longe e recusaram-se a reconhecer a eficácia de uma cláusula-quadro redigida de modo amplo e inequívoco [n.°s 72 e segs.], afirmando que essa cláusula não estende a protecção do tratado bilateral às violações de um contrato comercial ordinário celebrado pelo Estado ou por um ente público autónomo mas cobre as "protecções suplementares" contratualmente aceites pelo Estado agindo na qualidade de soberano – tais como uma cláusula de estabilização – inseridas num acordo de investimento [n.° 81]. Ver an. Gaillard [*Clunet* 134 (2007) 288].

Já no caso *SGS* v. *Philippines* (2004) [*in http://www.worldbank.org/icsid/cases*], o tribunal arbitral demarcou-se a orientação seguida no caso *SGS* v. *Pakistan* e, perante

Terceiro, a arbitragem CIRDI representa *uma certa "internacional-publicização" ao nível normativo*.

Por um lado, porque os tribunais arbitrais CIRDI aplicam, em primeira linha, as normas contidas na própria Convenção CIRDI, designadamente a norma sobre a determinação do Direito aplicável ao mérito da causa.

---

cláusula similar, adoptou o entendimento contrário. O tribunal teve o cuidado de sublinhar que a cláusula-quadro tem por efeito que a violação de obrigações assumidas pelo Estado de acolhimento, incluindo as obrigações contratuais, constitui uma violação do tratado bilateral, mas que o alcance e o conteúdo das obrigações contratuais continuam submetidas à sua própria lei (no caso, a lei das Filipinas) (n.º 128). Ver também Emmanuel GAILLARD – "L'arbitrage sur le fondement des traités de protection des investissements", *R. arb.* (2003) 853-878, 868. Ver ainda decisão no caso *Salini Costruttori S.p.A. and Italstrade S.p.A.* v. *Jordan* (2006) em que o tribunal foi confrontado com uma cláusula de alcance mais limitado. Nestes casos o que estava em causa era a competência do CIRDI para certos litígios relativos ao cumprimento do contrato de investimento, que dependia de a pretensão se fundamentar em violação do tratado, visto que os contratos de investimento continham cláusulas atributivas de competência aos tribunais dos Estados contratantes. Ver, sobre o ponto, Yuval SHANY – "Contract Claims vs. Treaty Claims. Mapping Conflicts Between ICSID Decisions on Multisourced Investment Claims", 99 *Am. J. Comp. L.* 835-851 (2005), 836 e segs. Cp. ainda HERDEGEN (n. 16) 247.

Deve ainda ser feita menção a três decisões mais recentes em que não estava em causa uma questão de competência. No caso *Nobel Ventures Inc.* v. *Romania* (2005) [*in http://ita.law.uvic.ca/documents/Noble.pdf*], o tribunal seguiu, no fundamental, o entendimento adoptado no caso *SGS* v. *Philippines*, afirmando a plena eficácia das cláusulas-quadro (n.ºs 53 e 60-61). Na decisão de anulação no caso *CMS Gas Transmission Company* v. *Argentine* (2007) [*in http://www.worldbank.org/icsid/cases*] o Comité *ad hoc* assinalou uma série de dificuldades suscitadas pela invocação da cláusula-quadro por uma accionista minoritário do investidor, afirmando que a cláusula só se referia a obrigações específicas relativas ao investimento e não a requisitos gerais impostos pela lei do Estado de acolhimento; que estas obrigações devem ser consensuais e, por isso, não têm eficácia *erga omnes*; e que a cláusula não afecta o conteúdo e as partes da relação obrigacional. O Comité *ad hoc* anulou a parte da decisão arbitral que tinha afirmado a possibilidade de o accionista invocar a violação das obrigações assumidas com respeito ao investimento ao abrigo da cláusula-quadro por insuficiência de fundamentação, sem se pronunciar em definitivo sobre o conteúdo desta decisão (n.ºs 89 e segs.). Enfim, no caso *LG&E* v. *Argentine* (2006) [*in http://www.worldbank.org/icsid/cases*] o tribunal entendeu que por força da cláusula-quadro o desrespeito de garantias específicas do investimento contidas numa "lei" e em "decretos de execução" constituiu uma violação do tratado bilateral [n.ºs 169 e segs.]. Ver an. GAILLARD [*Clunet* 134 (2007) 331].

Por outro, porque as partes podem submeter o contrato exclusivamente ao Direito Internacional Público (ou a um Direito estadual ou transnacional – art. 42.°/1/1.ª parte) e, se não houver acordo sobre o Direito aplicável, o tribunal deverá aplicar não só a lei do Estado contratante mas também os "princípios de direito internacional aplicáveis". Esta referência aos "princípios de direito internacional" é susceptível de abranger quaisquer fontes de Direito Internacional Público[33].

No que toca à definição da posição recíproca do Direito do Estado contratante e dos princípios de Direito Internacional, prevaleceu o entendimento segundo o qual o tribunal deve, primeiro, averiguar a solução perante o Direito do Estado contratante e, em seguida, indagar da sua compatibilidade com o Direito Internacional. Este último Direito prevalece em caso de conflito[34]. Por acréscimo, a jurisprudência recorre ao Direito Internacional para suprir as lacunas do Direito do Estado contratante[35]. Nesta ordem de ideias, poderá então dizer-se que ao Direito Internacional é atribuída uma competência *condicionante* e *complementar*.

---

[33] Cf. art. 40.° do Report of the Executive Directors on the Convention on the Settlement of Investment Disputes [*ILM* 4 (1965) 524].

[34] Cf. a decisão sobre anulação no caso *Klöckner Industrie-Anlagen GmbH et. al.* v. *Cameroon* (1983 e 1985) [*Clunet* 111 (1984) 409 e 114 (1987) 137], que atribuiu ao Direito Internacional uma função correctiva nos casos em que o Direito estadual não seja conciliável com os princípios de Direito Internacional; Aron BROCHES – *Commentary on the Uncitral Model Law on International Commercial Arbitration*, Deventer e Boston, 1990, 390; Georges DELAUME – *Transnational Contracts, Applicable Law and Settlement of Disputes (A Study in Conflict Avoidance)*, Nova Iorque, § 15.24; Id. – "L' affaire du Plateau des Pyramides et le CIRDI. Considérations sur le droit applicable", *R. arb.*(1994) 39-67, 53 e seg.; HIRSCH (n. 28) 140 e seg.; Cristoph SCHREUER – *The ICSID Convention: A Commentary*, Cambridge, 2001, 627 e segs. Ver também decisão *Aucoven* v. *Venezuela* (CIRDI, 2003), n.° 103.

[35] Cf., designadamente, a decisão sobre anulação no caso *Amco Asia Corporation et. al.* v. *Indonesia* (1986) [*ILR* 89: 368], fundamentada, designadamente, em que o Direito Internacional só poderia ser aplicado para preencher as lacunas do Direito nacional aplicável e para assegurar o primado das normas de Direito Internacional em caso de conflito com as normas nacionais (assinale-se que no laudo arbitral proferido em 1990 o tribunal arbitral expressou as suas dúvidas sobre a pertinência da distinção entre papel complementar e papel correctivo do Direito Internacional). Cf. também decisão *Southern Pacific Properties (Middle East) (SPP) Ltd.* v. *Egypt* (1992) [*ILM* 32 (1993) 32],

## III – A RELEVÂNCIA DOS TRATADOS BILATERAIS DE PROTECÇÃO DO INVESTIMENTO

A "internacionalpublicização" operada ao nível institucional e normativo pela arbitragem CIRDI foi reforçada, nas últimas décadas, por uma verdadeira explosão dos *tratados bilaterais de protecção do investimento*. Em 2003, já são referidos mais de 2000 tratados desta natureza[36]. Este recurso aos tratados bilaterais explica-se pelas incertezas e insuficiências do regime contido no Direito Internacional Público geral, pela necessidade de consentimento do Estado de acolhimento para o recurso à arbitragem CIRDI e pelo insucesso dos esforços desenvolvidos no sentido da elaboração de um tratado multilateral de âmbito universal em matéria de investimento estrangeiro[37].

Os tratados bilaterais de protecção do investimento contêm um regime mais desenvolvido e preciso de protecção do investimento internacional[38] e, frequentemente, submetem os litígios emergentes dos contratos celebrados entre o investidor e um dos Estados contratantes a arbi-

---

n.ºs 81 e segs., no sentido da aplicação directa dos relevantes princípios e regras de Direito internacional em caso de lacunas do Direito do Estado contratante.

[36] Cf. GAILLARD (n. 32) 856.

[37] Mas há tratados multilaterais de âmbito regional com regras de protecção do investimento estrangeiro e que permitem o recurso pelo investidor à arbitragem CIRDI. É o caso do Tratado NAFTA (*North American Free Trade Agreement*), que é um tratado multilateral celebrado pelo Canadá, EUA e México – arts. 1101.º e segs. Este Tratado estabelece que o investidor pode submeter a pretensão a arbitragem CIRDI, se o Estado-Membro envolvido e o Estado-Membro do investidor forem partes da Convenção (art. 1120.º). O art. 1131.º estabelece que o tribunal decidirá o litígio de acordo com o Tratado NAFTA e as regras aplicáveis de Direito Internacional. É também o caso, na Europa, do Tratado da Carta da Energia, aprovado para ratificação pela Resol. AR n.º 36/96, de 15/11, e ratificado pelo Dec. PR n.º 29/96, da mesma data. O objectivo do Tratado é a criação de um enquadramento jurídico para os investimentos e o comércio no domínio energético. O art. 26.º deste Tratado faculta ao investidor da outra parte contratante, depois de expirado o prazo para uma solução amigável, o recurso aos tribunais do Estado de acolhimento, a qualquer procedimento de resolução de diferendos anteriormente acordado ou à arbitragem CIRDI.

[38] Ver Rudolf DOLZER e Margrete STEVENS – *Bilateral Investment Treaties*, A Haia, Boston e Londres, 1995, 58 e segs., e, entre nós, LIMA PINHEIRO – *Direito Internacional Privado. Vol. II – Direito de Conflitos/Parte Especial*, ed., Coimbra, 2002, 137 e seg.

tragem CIRDI[39]. Portugal é parte em numerosos tratados bilaterais com este conteúdo.

Por meio destes tratados, cada Estado contratante declara antecipadamente o seu consentimento na arbitragem CIRDI perante a generalidade dos investidores nacionais do outro Estado contratante[40]. A arbitragem CIRDI tem, por isso, ganhado crescente importância prática.

O *método de determinação do regime aplicável* ao contrato de investimento também sofreu o impacto destes tratados bilaterais.

Em alguns casos recentes, em que a pretensão do investidor se fundamenta na violação de regras contidas nestes tratados bilaterais, os árbitros têm admitido que a posição recíproca do Direito do Estado contratante e dos princípios de Direito Internacional depende muito das circunstâncias do caso concreto. Estes casos têm sido decididos essencialmente com base nos tratados bilaterais e no Direito Internacional Público geral.

Na decisão sobre anulação no caso *Wena v. Egypt* (2002)[41], o tribunal distinguiu entre o Direito aplicável aos contratos de investimento celebrados pelo investidor com uma empresa pública egípcia (submetidos pelas partes ao Direito egípcio) e o Direito aplicável às pretensões contra o Estado egípcio fundadas na violação do tratado bilateral[42].

---

[39] Muitos destes tratados facultam ao investidor a escolha entre a arbitragem CIRDI e outros modos de resolução de controvérsias, designadamente tribunais arbitrais *ad hoc* estabelecidos de acordo com o *Regulamento de Arbitragem da Comissão das Nações Unidas para o Direito Comercial Internacional* (CNUDCI).

[40] Sobre a relevância desta forma de manifestação do consentimento do Estado contratante, ver, designadamente, decisão no caso *Asian Agricultural Products Limited* v. *Sri Lanka* (1990) [*ICSID Rev.* 6 (1991) 526; *ILM* 30 (1991) 577], e decisão sobre competência no caso *Eudoro A. Olguín* v. Paraguai (2000) [*ICSID Rev.* 18 (2003) 133].

O consentimento por parte do Estado contratante também pode resultar de uma declaração contida na sua legislação interna – cf., designadamente, *Southern Pacific Properties (Middle East) (SPP) Ltd.* v. *Egypt*, decisões sobre competência de 1985 [*Yb. Com. Arb.* (1991) 19, excertos; *ICSID Rep.* 3 (1995) 112] e 1988 [*Yb Com. Arb.* 16 (1991) 28, excertos; *ICSID Rep.* 3 (1995) 131]; *Tradex Hellas S.A.* v. *Albania*, decisão sobre competência de 1996 [*ICSID Rev.* 14 (1999) 161].

Sobre a relevância da cláusula de nação mais favorecida para fundamentar a competência do tribunal arbitral CIRDI, ver MAURO (n. 28) 90 e segs.

[41] *ILM* 41 (2002) 933. Ver, sobre esta decisão, GAILLARD (n. 32) 873 e segs.

[42] N.ºs 28 e segs.

O tribunal, sublinhando que a posição recíproca do Direito do Estado contratante e do Direito Internacional Público depende das circunstâncias do caso concreto, decidiu que não constituía fundamento de anulação a circunstância de os árbitros terem aplicado o tratado bilateral como fonte do Direito primária às pretensões fundadas na sua violação[43]. O sentido desta decisão não é, porém, inteiramente claro, quer porque a contraparte do investidor era diferente no contrato de investimento e na arbitragem quer porque o tribunal teve em conta a vigência do tratado na ordem jurídica do Estado contratante[44].

Já a decisão sobre anulação no caso *Compañia de Aguas del Aconquija and Vivendi* v. *Argentine* (2002) afirmou categoricamente que a pretensão fundada numa regra substantiva do tratado bilateral é regulada pela Convenção CIRDI, pelo tratado bilateral e pelo Direito Internacional aplicável[45]. Esta orientação tem sido seguida nas decisões mais recentes[46].

Por vezes, os tratados bilaterais contêm disposições sobre a determinação do Direito aplicável na decisão do litígio. Estas disposições tendem a dar primazia aos "princípios de Direito Internacional" e aos preceitos do tratado, sem no entanto excluírem a aplicação do Direito nacional da parte contratante em litígio[47]. Disposições como esta devem prevalecer sobre o disposto no art. 42.° da Convenção CIRDI por se tratar de um regime especial estabelecido pelos Estados envolvidos para os contratos de investimento celebrados entre um deles e investidores nacionais do outro.

Perante estes desenvolvimentos, duas conclusões se impõem.

---

[43] O Comité *ad hoc* não examinou a questão da determinação dos juros, que foi feita com grande discricionariedade pelos árbitros, de modo compatível com o Direito Internacional Público geral mas não com o Direito egípcio.

[44] N.°s 39 e segs.

[45] N.° 102 [*in http://www.worldbank.org/icsid/cases*].

[46] Ver decisões *Azurix* v. *Argentine* (2006), n.° 67, em que o Direito do Estado contratante só é tomado em consideração para averiguar do incumprimento do contrato de concessão; *LG&E* v. *Argentine* (2006), n.° 99; *ADC Affiliate Limited and ADC & ADMC Management Limited* v. *Hungary* (2006) n.°s 290 e segs. Todas se encontram publicadas *in http://www.worldbank.org/icsid/cases*.

[47] Ver também Mauro (n. 28) 96.

Primeiro, a jurisprudência do CIRDI demonstra *a adequação do Direito Internacional Público para reger os contratos de Estado*, indo ao encontro do entendimento que, entre nós, têm sido por mim defendido[48].

Segundo, parece indiscutível que os contratos de investimento em que as partes consentem que os litígios deles emergentes sejam resolvidos por arbitragem CIRDI são *regulados directa e imediatamente pelo Direito Internacional Público* e, por conseguinte, têm relevância directa na ordem jurídica internacional. No entanto, a jurisprudência da arbitragem CIRDI não acolheu parte das consequências que a doutrina associou aos contratos "quási-internacionalpúblicos", designadamente a eficácia do contrato na ordem jurídica internacional e a atribuição ao investidor de uma personalidade jurídica internacional limitada.

## IV – LIMITES DA "INTERNACIONALPUBLICIZAÇÃO" DOS CONTRATOS DE ESTADO OPERADA PELA ARBITRAGEM CIRDI

A qualificação de determinada categoria de contratos de Estado como negócios de Direito Internacional ("quási-tratados", "contratos quási-internacionalpúblicos") deve implicar a relevância na ordem jurídica internacional dos efeitos desencadeados pelo contrato perante o Direito aplicável a título de *lex contractus*, seja ele o Direito Internacional, um Direito estadual ou um conjunto de proposições jurídicas que não forme uma ordem jurídica[49]. Assim, por exemplo, a inexecução culposa do contrato por parte do Estado contratante deveria gerar responsabilidade internacional perante o Estado da nacionalidade do contraente particular.

A jurisprudência do CIRDI não seguiu este caminho. A teoria dos contratos de Estado "internacionalpublicizados" só foi plenamente acolhida numa arbitragem CIRDI em que interveio RENÉ-JEAN DUPUY:

---

[48] Ver LIMA PINHEIRO (n. 2) 791 e segs. e (n. 24) 156 e segs.
[49] Ver LIMA PINHEIRO (n. 2) 779 e segs. e (n. 24) 155.

o caso *Agip* v. *Congo* (CIRDI, 1979)[50]. Tratava-se de um contrato de empreendimento comum que continha cláusula de estabilização do estatuto jurídico da filial comum e designava a lei do Congo, "*supplemented if need be by any principles of international law*". A decisão conclui, porém, que a aplicabilidade da cláusula de estabilização resulta da "*common will of the parties expressed at the level of the international juridical order*". Quanto à questão de fundo parece que o tribunal considerou a expropriação internacionalmente ilícita por contrariar a cláusula de estabilização do contrato[51].

Esta decisão permaneceu isolada na jurisprudência do CIRDI[52]. *A jurisprudência do CIRDI* mantém-se fiel à distinção tradicional entre obrigações internacionais desencadeadas por normas de Direito Inter-

---

[50] *ILR* 67: 318. Ver também decisão proferida em arbitragem *ad hoc* no caso *Texaco* v. *Lybia* (n. 2) pelo mesmo árbitro. Ver ainda HERDEGEN (n. 16) 240.

[51] Cp. an. crítica de Henri BATIFFOL [*R. crit.* 71 (1982) 105-109].

[52] Tenho conhecimento de três decisões posteriores em que a questão da eficácia das cláusulas de estabilização foi aflorada. Primeiro, na decisão no caso *Letco* v. *Liberia* [*ILM* 26 (1987) 647] estava em causa a revogação de um contrato de concessão sujeito à lei liberiana e não a hipótese prevista na cláusula de estabilização (modificação ou revogação de qualquer lei que afectasse os direitos e deveres do concessionário). O tribunal afirmou que a cláusula deve ser respeitada [36], mas sem esclarecer o fundamento jurídico da vinculatividade da cláusula. Em todo o caso, a decisão também refere, neste contexto, que uma acção legislativa que afecte os direitos do concessionário só pode ser justificada caso se trate de uma "nacionalização" que cumpra os requisitos estabelecidos pelo Direito Internacional Público. Isto pode sugerir uma "internacionalização" implícita da cláusula de estabilização. Segundo, no caso *CMS Gas Transmission Company* v. *Argentine* (2005, 2007) [*in http://www.worldbank.org/icsid/cases*], o contrato de licença continha duas cláusulas de estabilização. O tribunal limitou-se a afirmar que destas cláusulas resultavam obrigações internacionais para o Estado de acolhimento perante o requerente (accionista da sociedade investidora) por força da cláusula-quadro do tratado bilateral de protecção do investimento (n.°s 151 e 302). A decisão sobre anulação não se pronunciou sobre a eficácia das cláusulas, mas, como foi atrás assinalado, anulou a decisão, por falta de fundamentação, na parte em que afirmava a possibilidade de o accionista invocar a violação das obrigações assumidas com respeito ao investimento ao abrigo da cláusula-quadro. Em sentido convergente ver ainda decisão proferida no caso *El Paso Energy International Company* v. *Argentine* (2006) [*in http://www.worldbank. org/icsid/cases*] n.° 81].

Em geral, sobre as cláusulas de estabilização e de intangibilidade, ver LIMA PINHEIRO (n. 24) 166 e segs.

nacional Público e obrigações contratuais geradas pelos contratos de investimento perante o Direito estadual que os regule, negando que a internacionalpublicização do contrato eleve as obrigações contratuais a obrigações internacionais[53]. A decisão sobre anulação proferida no caso *Compañia de Aguas del Aconquija and Vivendi* v. *Argentine* (CIRDI, 2002) é especialmente eloquente a este respeito[54].

Com efeito, segundo a doutrina dominante, o mero incumprimento do contrato não constitui por si uma violação do regime de protecção internacional dos direitos dos estrangeiros, nem de outras normas internacionais que fundem uma pretensão no plano interestadual[55]. O Estado contratante, pelo menos quando não assuma obrigações específicas a este respeito, conserva, perante o Direito Internacional, o poder de praticar actos normativos e administrativos que modifiquem ou extingam a relação contratual. Isto não é posto em causa pela jurisprudência do CIRDI.

Duas observações, no entanto, se impõem. Por um lado, a Convenção CIRDI afasta-se do entendimento tradicional quando admite que o contrato de investimento seja exclusivamente submetido ao Direito Internacional Público. Fica a dúvida sobre as consequências desta submissão relativamente à distinção entre obrigações internacionais e obrigações contratuais. Por outro, algumas decisões proferidas no âmbito do CIRDI assumem uma posição que poderíamos qualificar de verdadeira-

---

[53] É, no entanto, reconhecido que há factos que constituem simultaneamente um incumprimento do contrato de investimento e uma violação do Direito Internacional, por exemplo, uma expropriação por motivo discriminatório de uma concessão contratual.

[54] N.ºs 95 e segs. Ver também, no contexto das cláusulas-quadro, as decisões proferidas nos casos *SGS* v. *Pakistan* (2003), n.ºs 96 e 167, *SGS* v. *Philippines* (2004), n.º 122, n.ºs 152 e segs., *Salini Costruttori S.p.A. and Italstrade S.p.A.* v. *Jordan* (2006) e *El Paso Energy* v. *Argentine* (2006), todas *in http://www.worldbank.org/icsid/cases*.

[55] Ver JESSUP (n. 22) 104; Robert JENNINGS – "State Contracts in International Law", *Brit. YBIL* 37 (1962) 156-182; MANN (n. 21 [1975/1976]) 188 e segs.; Alfred VERDROSS e Bruno SIMMA – *Universelles Völkerrrecht. Theorie und Praxis*, 3.ª ed., Berlim, 1984, 805 e seg.; BROWNLIE (n. 12) 522 e segs.; NGUYEN QUOC/DAILLIER/PELLET (n. 3) 1089 e segs.; WENGLER [observações *in Ann. Inst. dr. int.* 57-I (1977) 239 e segs.]; Stephen SCHWEBEL – "On Whether the Breach by a State of a Contract with an Alien Is a Breach of International Law", *in Studi Roberto Ago*, vol. III, 403-413, 1987; Oscar SCHACHTER – "International Law in Theory and Practice", *RCADI* 178 (1982) 9-396, 301 e 311 e seg.

mente reaccionária (porque desfasada da evolução entretanto verificada) quando negam que um tratado bilateral, através de uma cláusula-quadro, possa elevar uma obrigação contratual a obrigação internacional[56].

A jurisprudência do CIRDI também não parece reconhecer uma *personalidade jurídica internacional limitada ao investidor estrangeiro.* Mas aqui o limite à "internacionalpublicização" é mais aparente do que real.

Na verdade, foi anteriormente assinalado (II e III) que os investidores estrangeiros podem actuar, na arbitragem CIRDI, pretensões fundadas na violação de normas de Direito Internacional Público. Nesta medida, os tribunais CIRDI consideram-se competentes para a actuação da responsabilidade internacional dos Estados, transpondo assim o regime desenvolvido no contencioso interestadual para o contexto das relações directas entre o investidor estrangeiro e o Estado de acolhimento. À luz dos critérios geralmente aceites para afirmar a subjectividade internacional dos particulares, isto parece implicar o reconhecimento de uma personalidade internacional limitada do investidor estrangeiro[57].

Esta visão das coisas é reforçada pelo crescente enquadramento da arbitragem CIRDI por tratados bilaterais de protecção do investimento. O investidor, que é normalmente a parte requerente, invoca geralmente

---

[56] Ver decisões referidas *supra* n. 32.

[57] Cf. C. AMERASINGHE – *State Responsibility for Injuries to Aliens*, Oxford, 1967, 105 e segs.; JORGE MIRANDA – *Curso de Direito Internacional Público*, 3.ª ed., Cascais, 2006, 215 e segs. e 287; Ignaz SEIDL-HOHENVELDERN – *International Economic Law*, 3.ª ed., A Haia et al., 1999, 10. A distinção entre normas de Direito Internacional que protegem interesses do indivíduo ou lhe impõem deveres por forma mediata ou indirecta e por forma imediata ou directa encontra-se claramente traçada em ISABEL MAGALHÃES COLLAÇO – *Direito Internacional Privado* (Lições proferidas ao 5.º ano jurídico de 1958-1959), Lisboa, vol. I, 1958, 268 e segs. O indivíduo é destinatário directo e imediato do Direito Internacional Público pelo menos quando pode recorrer a tribunais internacionais, para satisfação directa das suas pretensões, quando goza de um direito de petição junto de organizações internacionais e, ainda, quando incorre em responsabilidade penal por actos praticados em violação do Direito Penal Internacional. No sentido de que o indivíduo é sujeito de Direito Internacional quando uma norma internacional lhe atribua directamente direitos e obrigações mesmo que esta atribuição não seja acompanhada de um poder próprio de reclamação internacional se pronunciam ANDRÉ GONÇALVES PEREIRA/FAUSTO DE QUADROS (n. 24) 381.

uma violação directa de uma regra protectora do investidor contida no tratado bilateral ou uma violação de uma obrigação legal (de Direito interno) ou contratual que constitui alegadamente uma violação indirecta do tratado por força de uma "cláusula-quadro".

Como foi atrás assinalado, mesmo na falta de uma escolha do Direito Internacional para reger o mérito da causa – e, portanto, perante a escolha do Direito do Estado contratante ou na omissão das partes – os árbitros aplicam em primeira linha o tratado bilateral, por se tratar de questões suscitadas pela violação das suas regras. Estes tratados bilaterais são actos de Direito Internacional que criam obrigações recíprocas para os Estados contratantes. Mas as obrigações internacionais que dizem respeito à protecção dos investidores estrangeiros também são por eles actuáveis na arbitragem CIRDI, por forma que pode afirmar-se que destes tratados nascem obrigações internacionais dos Estados contratantes *perante os investidores estrangeiros*[58].

## V – CONSIDERAÇÕES FINAIS

A arbitragem CIRDI opera uma "internacionalpublização" dos contratos de Estado mais radical do ponto de vista institucional do que do ponto de vista normativo.

No plano institucional, uma orientação demasiado favorável à extensão da competência do CIRDI, com desvalorização das cláusulas de competência contidas nos contratos de investimento, pode vir a ter consequências negativas no posicionamento dos Estados em vias de desenvolvimento ou com economias emergentes perante a Convenção CIRDI.

No plano normativo, a "internacionalpublicização" é limitada, embora já se tenham formulado preocupações relativamente à prática de

---

[58] Ver também LIMA PINHEIRO (n. 38) 136; MAURO (n. 28) 101. Outra questão, em que não entrarei aqui, é a de saber se esta visão das coisas é extensível aos casos em que o dispositivo arbitral a que recorre o investidor, ao abrigo do tratado ou de cláusula compromissória do contrato de Estado, não é organizado pelo Direito Internacional Público.

alguns dos tribunais arbitrais CIRDI[59]. A este respeito também importa fazer um balanço do contributo da jurisprudência da arbitragem do CIRDI para o desenvolvimento de um "Direito Internacional dos Contratos" ou "do Investimento", tal como foi preconizado por autores como PROSPER WEIL.

A jurisprudência do CIRDI realizou um certo labor de desenvolvimento do Direito Internacional Público geral em matéria de protecção dos direitos patrimoniais dos estrangeiros, designadamente quanto aos requisitos de licitude das medidas de expropriação (ou de efeito equivalente), tais como o fim de interesse público e a compensação, e quanto às consequências de uma expropriação ilícita[60], bem como mais em geral, sobre a responsabilidade internacional do Estado de acolhimento em caso de violação das suas obrigações internacionais[61]. Aqui incluiu-se, entre outras, a questão da imputabilidade ao Estado de actos de entes públicos autónomos[62].

Também é significativo o contributo da jurisprudência do CIRDI para a interpretação dos tratados de protecção do investimento e, em especial, para a concretização das cláusulas gerais mais frequentes nestes tratados[63]. A publicação das decisões arbitrais CIRDI e a semelhança das questões colocadas incita os árbitros a prestar muita atenção às decisões anteriormente proferidas em casos semelhantes[64].

Alega-se ainda que a jurisprudência do CIRDI desenvolveu o "Direito do Investimento Internacional" em matéria de protecção da vinculação do Estado perante o investidor estrangeiro[65]. Neste sentido, porém, pouco mais se invoca do que um pequeno número de decisões que afirmaram um dever de informação reforçado a cargo do investidor estrangeiro, cuja violação gera uma obrigação de indemnizar[66].

---

[59] Ver MAURO (n. 28) 105 e segs.

[60] Ver MANCIAUX (n. 29) 483 e segs.

[61] Ver MANCIAUX (n. 29) 550 e segs.

[62] Ver MANCIAUX (n. 29) 574 e segs.

[63] Ver, designadamente, HERDEGEN (n. 16) 245 e segs. e MANCIAUX (n. 29) 595 e segs.

[64] Cf. GAILLARD (n. 32) 858.

[65] Ver MANCIAUX (n. 29) 327 e segs, 365-366 e 383.

[66] Op. cit., 329 e segs.

Em todo o caso, não pode dizer-se que a jurisprudência CIRDI tenha logrado substituir-se ao Direito convencional no desenvolvimento de um vasto corpo de Direito Internacional dos Investimentos. Uma razão apontada para este facto é a grande diversidade jurídico-material dos litígios submetidos a arbitragem CIRDI no âmbito de um conceito amplo de investimento. A constância de certas cláusulas nos tratados bilaterais também não exclui que estes apresentem conformações muito variadas[67]. Daí que continue a sentir-se a necessidade premente de um tratado multilateral de âmbito universal de protecção do investimento estrangeiro[68].

Em suma, verificamos que a evolução do regime aplicável aos contratos de Estado tem dependido essencialmente do Direito Internacional convencional, designadamente a Convenção CIRDI e os tratados bilaterais de protecção do investimento. Para o futuro desenvolvimento deste regime afigura-se de grande importância a elaboração de um tratado multilateral de âmbito universal de protecção do investimento estrangeiro.

---

[67] Ver MANCIAUX (n. 29) 604 e segs.

[68] No mesmo sentido, MANCIAUX (n. 29) 605 e seg. Ver, sobre o projecto da OCDE sobre um *Multilateral Agreement on Investment*, HERDEGEN (n. 16) 252 e seg.

# Pierre Lalive

Emiritus Professor, Geneva University, Member of the Institut de Droit International, Honorary President of the Swiss Arbitration Association and of the ICC Institute of World Business Law; Senior Partner, LALIVE Attorneys, Geneva

# Absolute Finality of Arbitral Awards?

---

\* O presente trabalho foi elaborado com vista ao Estudos em Homenagem ao Prof. Doutor Paulo de Pitta e Cunha.

# I – Introduction

During the last fifty years or so (or since the last World War), as everyone knows, international arbitration has met a spectacular success, which is stil going on. And there is also no doubt that "international arbitration law" (to use a somewhat ambiguous expression) – together with the development of many national legislations – has made great progress. Let us just mention, by way of examples, the New York Convention of 1958 on the "recognition" of arbitral awards, the work of UNCITRAL (with its Model Law and its Arbitration Rules) and the present work of the UNCITRAL Working Group – not to cite many other institutions and rules.

From a "sociological" point of view, the fact is that many things have changed in the last fift years or so. Let me mention, in brief and by way of introduction and if 1 may venture a few generalizations, a few elements which should be taken into account.

(1) Today, the activity of the international arbitrator can hardly be described, as it often was in the first half of the last century, as a "*nobile officium*". The fact is that it has become a business (especially for lawyers, experts, engineers, accountants and the like).

A few years ago, two sociologists, one French and one American, Mr Yves Dezalay and Mr Bryan Garth, published a very interesting study under the title of "*Dealing in Virtue*"[1]. Although somewhat dated in a few respects, this book remains very valuable, especially insofar as it analyzes in depth international arbitration practice and, for example, what the authors describe as the "conquest of the arbitration market by U.S. and English firms".

This phenomenon, which is stil going on in several continents, is also very interesting inasmuch as it increases the importance in arbitration [not only of comparative law in this age of globalization, but also the importance of conflicts of cultures, which should be distinguished from conflicts of interests.

---

[1] Chicago University Press, 1996, translated into French, Les Marchands de Droit.

*Revista Internacional de Arbitragem e Conciliação*

(2) Another aspect of contemporary evolution is theextraordinary proliferation of arbitral institutions everyhere, together with the proliferation of more or less unnecessary regulations. There seems to be, in certain quarters, especially among lawyers, a certain legislative or regulatory "frenzy".

An independent observer may be permitted to have certain doubts about either the necessity or even the usefulness of many of these new regulations, which are said or supposed to help arbitration practitioners, while in reality they often jeopardize the flexibility supposed to be an advantage of international arbitration and in fact complicate the work of arbitrators rather than facilitate it.

(3) Now, when 1 try to contrast the present characteristics of international arbitration practice with the situation existing before the Second World War in the first half of the Twentieth Century, I do not wish to appear as a "*Iaudator temporis acti*". We have to be realistic and face the fact that we Iive in a globalized world, in an increasingly complicated society, characterized by increasing competition, economic, legal and political. As a result, and in spite of efforts at harmonization or unification, new legal difficulties, new legal conflicts (of cultures as weil as interests), have appeared. International arbitration remains today the prevailng and normal way of solving international business disputes, in spite of the fact that it has become, perhaps inevitably, more and more complicated. The time has long passed since it could be described (as has been the case before the Second World War), as "a simple, quick and cheap way of solving disputes between gentlemen"!

(4) It stands to reason that the quasi-universal success and expansion of international arbitration depends to a very large extent of the consent of the international community of States. They have come to recognize and even favour arbitration as a necessary private justice. The Iiberal attitude of modern States as regards both contractual autonomy and arbitration may be said to be motivated by a general recognition of the advantages or necessity of globalization and of international economic commerce.

*Doutrinal*

It is René David (the great French comparatist, and author of an excellent treatise on international commercial arbitration)[2], who suggested that – in the absence of an international commercial court of justice like the International Court of Justice – there was in fact a kind of agreed division or repartition of tasks between, on the one hand, the States (and intergovernmental organizations) and, on the other, the private operators of international trade and the community of "merchants" (including nongovernmental organizations).

This favourable attitude of States is shown for instance by national legislations limiting or excluding the jurisdiction of national Courts in case of a valid arbitration agreement restricting the possibilities of "appeals" against Awards, or lending assistance for the enforcement of Awards.

(5) Another remark should be obvious: such consent or favour by States has inevitable limits. To attempt here even a short summary of such limits would of course go much beyond the scope of our subject. 1 need only refer the reader to the well-known decision of the Court of Justice of the European Communities in the famous Eco-Swiss v. Benetton case where the Court states, in short, that the effectiveness of arbitral procedure justifies that:

> *"control of arbitral awards should have a limited character and ... annulment of an award or the refusal of its recognition, should only take place in exceptional cases."* [3]

This may weil be seen as a correct summary of a general, not to say, universal position of States. But it remains to be seen in practice what is the precise meaning of the terms "limited character" or "exceptional cases" .

(6) Moreover, one of the great problems faced today by international arbitrators – and later by national judges – is that of the autonomy

---

[2] "L'Arbitrage et le Commerce international", éd. Economica, 1982.
[3] Recueil 1999, p. 1-3055 – 1er juin 1994.

of the international arbitrator confronted by international public policy or mandatory laws (either of the seat or of the applicable law – or laws[4]). On this important subject, it is sufficient to say here that, as we ail know, the prevailing judicial practice, together with the majority of doctrinal writings, favours a very restricted and narrow application of international public policy as a ground for annulling or revoking arbitral decisions.[5]

(7) Third and last remark: the theme of today's Conference is arbitration and investment. And this suggests a question, important in theory as weil as in practice, on which there is no agreed or universal answer: Is "Investor-State arbitration" a different kind, a different or specific category, to be distinguished from "ordinary international commercial arbitration"?

I do not intend to discuss that question here, and even less to answer it! It should suffice in this connection to mention the opinion of René David who rightly observed that, while it is common to speak of "arbitration" in the singular, there are in reality a fairly large variety of "arbitrations", no one having been able to prove the existence of a simple, monolithic or unique category or definition.

## II

It is now time to turn to the "finality", or not, of international arbitral awards.

This is hardly a "new" topic and it may be said to have always existed ever since people resorted to arbitration. But it has become much more "present" or important today than it used to be, especially with the remarkable and recent development of Investor-State is (and the expanding activities of institutions like ICSID (with its Additional Facility),

---

[4] Cf. the French concept of "Lois de police".

[5] This is a reference to international public policy in the traditional, national sense of private international law, to be distinguished from the concept of "transnational (or truly international) public policy"; cf. P. Lalive ICCA Congress Series W 3, 1986, p. 257 and *House of Lords in Kuwaiti v. Iraqi Airways* (2002 1 AC 883, at 1100 ff; cf. also ICSI D Case W ARB/00/7 – Award in *World Dut Y Free v. Kenya*, at no. 139, 172-173.

NAFTA, or the Energy Charter, not to mention again UNCITRAL, or the ICC, the LCIA, etc.) The question is simple: "should arbitral awards be "absolutely" final and binding, or should they be subject to "appeals" (in the narrow and in the wide sense of the term)?

Most, if not ail, arbitration regulations (in particular in the case of "institutional arbitration") say that the arbitration award is "final and binding". For example, in the "Code of Sports – related Arbitration". Rule 46 reads: *"The award [notified by the CAS Court Office] shall be final and binding upon the parties."*

According to Art. 28(6) of the ICC Rules: "Every Award shall be binding on the parties... [and] ... *by submitting to arbitration under these Rules, the parties undertake to carry out any Award without delay and shall be deemed to have waived their right to any form of recourse insofar as such waiver can validly be made."*

In the case of Iran/US Claims, the Declaration of the Aigerian Government (Article IV) and the Tribunal Rules of Procedure (Art. 32(2)) state that *"all decisions and awards of the Tribunal shall be final and binding"* which (by the way) does not mean that they are "self-executing".[6]

The Swiss Private International Law Statute (Art. 192) states that an Award *"may not be challenged by way of an action for setting aside to the extent that the parties have no domicile, habitual residence, or business establishment in Switzerland and that they have expressly excluded ail settng aside proceedings in the arbitration agreement... "* And the same Swiss Statute (in Art. 190) provides that:

(1) *"The award is final from the time it is communicated."*
(2) *Proceedings for setting aside the award may <u>only</u> be initiated: a) where... (b)... (c)... (d)... (e)...* [7]

In France, Art. 1476 NCPC states that, as soon as it is delivered, the Award has, as regards the dispute, the authority of a *"res judicata".*

---

[6] On this, see Zachary Douglas in BYBIL, 2003, pp 151-228.

[7] Art. 191 – [they] may only be brought before the Federal Supreme Court.

Revista Internacional de Arbitragem e Conciliação

In a recent Note[8], a well-known French practitioner (Serge Lazareff stressed the danger, for the effectiveness of arbitration, of the multiplication of setting aside proceedings and he called upon heavier judicial sanctions against the abuse of such proceedings and the repudiation of promises. Indeed, there is no doubt about the tendency of many attorneys, in many countries today (especially of course among "Iosing parties"), to use and abuse whatever possibilities legislation and case law offer to set aside an award or delay or paralyze its enforcement.

The arguments are well-known in favour of a really or <u>absolutely</u> final arbitration award, and the first of these is (of course) the (presumed) common intention of the parties to the arbitration agreement. They have decided to resort to international arbitration (rather than to a judicial decision) of a potential dispute; and this for a variety of rather well-known reasons (including the possibility of choosing the arbitrators and the procedure, including also, presumably, confidentiality, and perhaps mainly in order to save time, to be able to "turn the page" over their differences and quarrels so that they can resume their normal commercial relations[9]. In other words, in the exercise of their autonomy of the will, they have deliberately assumed the so-called "<u>arbitration risk</u>".

Should they then be allowed to go back on their common consent and repudiate their choice when an award has been rendered, because one party (or, on more exception al occasions, both parties) is so dissatisfied that resort to State justice and setting aside proceedings appear to be the desirable solution?

## III

Justice or Finality? Correctness or legal certainty? In order to appreciate whether there is a need or justification for allowing "appeals" against international arbitral awards, it is useful to have a rapid look at contemporary practice and consider a few examples of somewhat contro-

---

[8] Published in the Cahiers de l'Arbitrage – July 2007.

[9] Cf. the formula suggested by E. Minoli in Italy (cited by R. David, op. ciL. W 20): "*Far giustizia, conservando l'amicizia*".

versial arbitral decisions (including judicial decisions in arbitration matters). And this scrutiny should not be Iimited to Investor-State relationships, notwithstanding their particular nature or degree of "specificity", because comparisons with commercial, "ordinary" arbitrations may weil prove relevant and indeed iIuminating.

Before entering into a brief review of examples of recourse (Ieading or not to annulment), two general observations seem called for, in order to gain a better view of the context: (a) one on the particular difficulty that exists, in many cases, of interpreting and correctly understanding international awards; (b) the second on a comparison between the force of an award and that of a court decision.

(a) The first observation may seem too general or even marginal but is directly relevant, 1 submit, to the present topic, and in particular to the vexed question whether, in the ICSID system, there has been too many, or too few annulments of awards by ad hoc committees interpreting Article 52 of the Washington Convention.[10] Experience shows that it may be very difficult for the outside reader or observer to properly understand an arbitral decision, unless he has had access to the file and the full facts of the case. Some distinguished lawyers have thus been led, on occasions, to erroneous interpretations and comments, whether or not it is also the fault of the arbitrators themselves (or of members of an ICSID *ad hoc* committee!).[11]

That observation should not, of course, be considered as sorne sort of bar or limit to the freedom of expression of commentators or critics of arbitral awards or of annulment decisions. But it might serve as a word of caution: critics would be wise to check their information and think

---

[10] In a conference on the "Annulment of ICSID Awards", organized in 2003 by IAI in Washington, I took the opportunity, with particular reference to the first annulment decided, unanimously, by the Ad Hoc Committee in the *Klöckner v. Cameroun case* – to answer the criticism levelled by some writers based, in my submission, on insufficient understanding of both the annulled award and the Convention.

[11] For instance because they exercized perhaps too much diplomatic restraint in the drafting of their decision. Practitioners as weil as commentators should keep in mind that often neglected aspect of the arbitrators' task; cf. Erasmus' wise saying: *"Toute vérité n'est pas toujours bonne à dire! Ce qui importe principalement c'est la façon de la proclamer."* Hence a potential conflict with the dut to state reasons (cf. Articles 52(1) and 48(3) ICSID Convention).

*Revista Internacional de Arbitragem e Conciliação*

with some humility of the difficulty of coming to a decision and drafting its reasons – before they venture to accuse an ad *hoc committee* or an arbitral tribunal, for instance, of disregarding the parties' intention and "legitimate expectations" in order to replace them with the tribunal's "conviction", own understanding or "vision".

No one will of course challenge the statement that, in interpretation, the "fundamental duty is to give effect to the parties' words and actual intention"[12] – rather than giving a priority to the interpreter's ownsubjective feeling or conviction. But a similar duty would seem to bear on ail commentators, practitioners or doctrinal critics whenever they are called upon to analyze either the reasons given in an award or in a decision of an ICSID ad *hoc committee*, or, for that matter, a State Court in arbitral matters.

(b) The second general observation is a reference to the finality of judicial decisions and to the philosophy underlying the concept of "*res judicata*". This reference or this comparison is useful in the present discussion although the arbitrator's activity is definitely *not* identical to that of a judge but, at best, "quasi-judicial".[13]

It should be enough to recall in this connection that, in comparative civil procedure, Le. in municipal law, the principle "*res judicata pro veritate habetur*" aims at the rapid and lasting restoration of juridical peace; from which it follows that a judicial decision (a) must remain unchanged, unaltered and (b) should be binding for the parties in case of later conflict.[14] The consequence is that a judgement can only be attacked or changed in the conditions and time-limits provided by the law of civil procedure – a law which may be said to be based on the Constitution of the State and its duty to maintain peace and the "rule of law".

It is within such broad and general context that the consent, or favour of States towards international arbitration, and that national legislations and attitudes should be viewed and analyzed. And before proceeding

---

[12] E. Gaillard, *op. cit.* in New York Law Journal, March 1, 2007.

[13] A source of confusion here is the tendency of certain practitioners, institutions or legislators to loose sight of the distinction between analogyand identity (see for example the theory of civil irresponsibility or immunity of arbitrators).

[14] Cf. in German terminology the concepts of (a) *formelle Rechtskraft* and (b) *materielle Rechtskraft*.

*Doutrinal*

with examples, three elementary points may be recalled: (i) States cannot be expected to recognize and assist in the enforcement of awards without reserving their right of supervision and control; (ii) in the absence of an international commercial court (more or less similar to the International Court of Justice), such control can only take place in the national sphere; (iii) in such domestic sphere, such control can only be exercized by the State's judicial organization (which, contrary to what exists in the domain of arbitral institutions, is characterized by a hierarchy).

## IV

Let us now consider, at random, a few concrete cases, in which the question has arisen, or might weil arise: which value should prevail, finality or certainty – justice or correctness? Lack of space makes it of course impossible to discuss here a large and representative number of cases but it is hoped that the following limited selection wil nevertheless provide a significant ilustration of the basic problem under scrutiny.

(a) In a recent ICC case, a dispute had arisen between a foreign investor (Japanese or American) and aState organization of the Czech Republic regarding an international contract between the parties. A significant feature of the case was that the Czech State had been closely involved in the negotiations leading to the signing of the contract, including in the discussion about the arbitration clause. So much so that an earlier version of the contract had expressly mentioned the Czech State as a party. That clause had later been deleted.

In the arbitration taking place in Switzerland, the Czech Republic decided – perhaps in consideration of its economic and political interests in the case – to appear as one of the claimants on the side of its State organization. The foreign investor objected that it had not consented to arbitrate with the State, as proved by the text of the contract. Nevertheless, the arbitral tribunal (although presided by an experienced arbitrator) accepted to consider the Czech State as a party, without much analysis of the fundamental condition of consent. A recourse to the Swiss Federal Tribunal was made (without success) by the foreign investor, who argued that the Czech State was clearly not a party to the contract (as proved inter alia, by the deletion of the clause just mentioned).[15]

(b) Second example: in an important international arbitration which lasted several years in Paris, between a group of oil companies as claimants and a European Government as defendant, a recent award was rendered by three distinguished arbitrators.[16]

It contains a few important errors (regarding e.g. evidence); for instance it suggests that contract breaches alleged by the defendant took place only after the defendant Government was elected, while relying against that same defendant – sometime on the same page – on documents dating from an earlier period ! The award also shows examples of sloppiness in drafting, for instance it omits any decision on a Counterclaim. Moreover, on some not unimportant issues, there is also a (surprising) lack of reasoning or arguments by the arbitral tribunal (a fact which is understandably frustrating for both counsel and parties).

In such circumstances, the (difficult) question inevitably arises: if, under the applicable rules, there do exist possibilities of recourse, should counsel recommend them ? Is a challenge practically possible and, if so, advisable (having regard to the work, time and costs involved and the uncertainty of the results) ?

(c) A very interesting decision of the Swiss Supreme Court has attracted a lot of attention, ail the more since it contrasts with the general and very restrictive practice of that Court in annulment proceedings[17]: In an arbitration between a tennis player and the ATP Tour, an Award of the Court of Arbitration for Sport (CAS) was set aside – quite rightly in my submission – although the player had signed an "exclusion agreement" expressly, providing for the "final, non-reviewable, non-appealable and enforceable character of the decisions of CAS".

---

[15] Strangely enough, the Federal Tribunal rejected the recourse without discussing the existence or inexistence of consent between the Czech State and the appellant.

[16] Two of them University Professors (but this is of course no guarantee!).

[17] See e.g. Fr. Knoepfler-Ph. Schweizer-S. Othenin-Girard: Droit international prive suisse, 3e éd. Staempfli, Berne, pp 454 ss; F. Dasser, International Arbitration and Setting Aside Proceedings in Switzerland: A Statistical Analysis. In Bulletin ASA, vol. 25, N.° 3, 2007, p. 444 ss.

*Doutrinal*

The Swiss Federal Tribunal, in a lengthy and well-reasoned judgment considered, in brief, that the "exclusion agreement" (although formally valid under Swiss law, Article 192 LDIP), had not been freely entered into but under constraint, a professional player having no choice but to accept the rules imposed by CAS (e.g. on the anti-doping program) as a condition of participating in any event organized by ATP. Recourse to Court had therefore to be admitted.

Furthermore, it was held that the player's right to be heard by the arbitral tribunal had been violated because the latter, either carelessly or willingly, had failed to examine important elements relevant and capable to influence the solution of the case – which had been invoked by the parties.[18]

(d) In stil another case involving inter alia both public and private international law, contract law and procedure, decided first in Geneva and then, on appeal, in London, the Sole Arbitrator had decided to refuse to hear several witnesses requested by the Respondent. Following which the latter (which eventually lost the case) argued in London before the Commercial Court and later the Court of Appeal that the ICC award should be annulled on the ground of the "misconduct" of the Arbitrator when rejecting those procedural requests. The appeal and the arguments were rejected and the award was confirmed.[19]

---

[18] It is generally admitted that Arbitrators are not bound to discuss ail the arguments alleged by the parties; they can implicitely reject some of them. However, they have a nations so that the losing party is able to see, when reading the "minimum dut y" of expia award, that the arbitral tribunal has in fact duly considered ail its relevant arguments, be it to reject them. It is interesting to compare this approach of the Swiss Supreme Court with the requirements of Articles 48 (3) and 52 of the ICSID Convention – see below – e.g. on the duty to state reasons.

[19] See the English decisions *Dalmia Cement Ltd. v. National Bank of Pakistan* [1975 Q.B.9]; [1974] 3 All E.R. 189

# V

Turning now to the ICSID system, where does it stand regarding finality of awards? It is not possible here to deal in any detail with the various grounds for annulment of awards listed in Article 52 of ICSID Convention or even to attempt some general or synthetic judgement on the system regarding finality or correctness of awards. Let me however submit to you a few personal opinions, based on a practical experience of many years in different capacities – Counsel, Arbitrator and Member of an *Ad Hoc* Committee.

My own views have not changed substantially since the Washington Conference of lAI and you may find them in the volume published by Professor Emmanuel Gailard under the title "Annulment of ICSID Awards".[20]

I remain convinced today that "the ICSID system as a whole, <u>and its annulment mechanics in particular</u>, is a good and balanced system". And 1 agree with Professor Emmanuel Gailard who conceded that "*an essential part of the critcism*" (levelled at the first Annulment decisions) *relates in fact to the system of the Washington Convention itself.*"[21] – rather than with its interpretation or practical application.

The system is of course the product of a difficult political and legal compromise by the authors of the Convention.[22] And there is no denying that Article 52 uses very flexible and somewhat vague notions (e.g. like "manifest" excess of power, or "serious" violations...) – notions which not only often overlap but are not easy to interpret.

It was probably inevitable that the very first annulment of Awards by an *Ad Hoc* Committee would create a certain surprise or "*emotion*"[23], and should have been misunderstood. Leaving aside "normal" differences of juridical opinions, what is rather striking, and indeed amusing,

---

[20] JurisPublishing Inc. and International Arbitration Institute, New York, 2004,499 pages. The volume contains many valuable contributions and discussions of ICSID cases, such as *Wena Hotels v. Egypt, Vivendi v. Argentina*, etc.

[21] p. 197 ad Klöckner, E. Gaillard, La Jurisprudence du CIRDI, Editions A. Pedrone, Paris 2004.

[22] Weil outlined in today's presentation by Professor Andreas Lowenfeld.

[23] (cf. E. Gaillard op. ciL., Jurisprudence CIRDI p. 199, *op. cit.* Supra note 21).

*Doutrinal*

is to notice what may well be called the "sensational" criticism of some commentators, who claimed that such annulments implied the "breakdown (sic!) of the Control Mechanism in ICSID Arbitration", which was going to *"lose its appeaf"*[24]. The remarkable success and expansion of ICSID arbitrations since then suffice to illustrate the rather ridiculous character of such statements.[25] Equally absurd seems to me the repetition (by some self-styled specialists of ICSID arbitration, of the idea that, after the so-called *"early activism* (sic!) *of the Klöckner Case"*, later *Ad Hoc Committees* "returned" to more "cautious" attitudes, with one or two exceptions.[26]

Readers would be well-advised not to accept at face value such hasty and superficial generalizations and to reserve judgment until <u>after</u> they have read and properly analyzed the decisions, the awards and (preferably) the respective parties' arguments!

A better summary is Professor Hans van Houtte's statement[27] that, to decide on an annulment, Ad Hoc Committees

> *"have navigated between two extremes... between the Scylla of complete fairness and the Charybdis of absolute finality."*

Such "navigation" – it is submitted – can only take place on the basis of the concrete circumstances of each particular case, and not on some preconceived ideology or doctrine, for instance in favour of a restric-

---

[24] References in P. Lalive in lAI Conference p. 300.

[25] A Broches, ICSID's Secretary-general, though less than enthusiastic about the Klöckner annulement, wrote, in ICSID Review vol 6, N.° 2, Fall 1991, p. 321, 361, about Prof. M. Reisman's criticisms: *"With ail due respect, he overstates his case... He furnishes in particular no arguments to support his suggestion that the real thrust of the Commitee's concern was that the Tribunal's conclusion... constituted a mistake of law"* (at p. 769). Prof. D. Caron, in ICSID Review, vol 7, N.° 1, Spring 1992, p. 53, while of theopinion that the Committee's decision *"appeared to lack in ''iudicial restraint''"* (?), expresses *"astonishment that the arbitrators rendered an award in such an important dispute on such dubious and vague equitable grounds".*

[26] According to E. Gaillard, in New York Law Journal, March 1, 2007: *Patrick Mitchell v. DR. of Congo, ad hoc* Committee, Nov. 1, 2006, and *El Paso v. Argentina*, April 27, 2007.

[27] In IAI Conference, *op. cit.* Supra note 10.

tive interpretation of Article 52, seen as a narrow exception. Nor should any finding that Arbitrators have failed to state reasons[28] be immediately characterized as crossing the proper line between annulment and appeal.

On this ground, it is interesting to mention the long and detailed Dissent which was written, in a recent Committee's Decision of September 5, 2007 by Sir Franklin Berman, a well-known English Arbitrator. [29]While agreeing on other points with the majority of his colleagues (and paying tribute, as is customary, to the "eminence" of the Arbitral Tribunal), Berman strongly criticized his two Colleagues for failng to explain how and why they had come to their conclusions, particular care being required in his view when the arbitrators decline jurisdiction.

Such analysis is miles apart from the criticism of those commentators who ventured to believe that an Ad Hoc Committee should not, or could not, examine whether the reasons mentioned by the Award are "pertinent" or "sufficiently pertinent", but should limit itself to check whether some reasons have in fact been mentioned at aiL. Such a theory is not only in conflict with the generally admitted idea that "<u>arouable</u> reasons" (whether preferable or not) are sufficient, but it cannot be reconciled with the (majority) view that clearly <u>contradictorv reasons</u> amount to an <u>absence</u> of reasons.

A more balanced and reasonable theory has been adopted by some Committees, e.g. on December 22, 1989, in the case <u>MINE v. Guinea</u>[30] where the object and purpose of Articles 48(3) and 52(1)(e) of the Washington Convention was said to make sure that the parties <u>will be able to follow and understand the arounds of the Award.</u> This is a "*minimum requirement*" which, adds the Decision, "*is in particular not satisfied by either contradictory or frivolous reasons*". Interestinglyenough, the same Decision stresses that "*the <u>adequacy</u> of the reasoning is not an appropriate standard of review*" (under Art. 52(1) (e) because "*it would*

---

[28] Admittedely "*the most difficult ground for annulment to apply and to analyze*" (Schreuer, Conference IAI, p. 30).

[29] ICSID Case W ARB/03/4. Annulment Proceedings – Industria Nacional de Alimentos SA v. Republic of Peru.

[30] ICSID Case W ARB/84/4; see also Wena Hotels v. Egypt, February 5, 2002 41 ILM M. 933, at N.º 81.

*Doutrinal*

*almost* (sic) *inevitably draw"* an *Ad Hoc* Committee into the domain of appeals.

Such "motivation" is not fully convincing; it amounts to a mere affirmation that any examination of the substance of the award would "almost inevitably" create a confusion with an appeal (a remedy excluded by Article 53). But the exceptions made for "contradictory" and especially for "frivolous" reasons seem necessarily to imply at least some examination of the "adequate" or "arguable" character of the reasons mentioned.[31]

This would seem to follow from the very idea mentioned in some of the decisions approved by critics of annulment decisions (Iike Wena[32] and Vivendi) Le. that it is sufficient that arbitrators identify and "let the parties know the factual and legal premises leading the tribunal to its decision". Similarly it has been said that, *"provided the reasons given by a tribunal can be followed and relate to the issues that were before the tribunal, their correctness is beside the point."* (italics supplied)

To be followed or to be understood, in other words, the reasoning must be neither "contradictory" nor "frivolous" (cf. MINE) or, to use stil another, analogous terminology, "sufficiently relevant" (Le. it must "relate to the issues before the tribunal" (cf. Amco and Klöckner) or, still in other terms, it must be "capable of providing a basis for the decision in the yes of the parties".

As analyzed in depth by Sir Frank Berman in his dissent already quoted, the requirement that parties must be able to follow and understand the Arbitrators' reasoning is fundamental, and can hardly be considered as satisfied by "contradictory", "frivolous", "incoherent", or clearly "inadequate" reasons. Some of the critics of annulment decisions seem to have failed to appreciate the essential ambiguity and also the equivalence of such qualifications.[33]

---

[31] In the abovementioned Dissent supra Note 29, Sir Franklin Berman asks whether the Arbitrators *"did in fact adequately explain"* their reasons.

[32] Wena decision Feb. 5, 2002 para 79).

[33] For example, E. Gaillard, in his abovementioned article of the New York Law Journal, appears to believe that an *ad hoc* Committee *"engages in a substantive review of the award"* if and when it examines whether the reasoning is sufficient, "coherent" or "relevant".

# 124

*Revista Internacional de Arbitragem e Conciliação*

Be that as it may, I have always been of the opinion (expressed in the first Klöckner decision of the *Ad Hoc* Committee) that Article 52 should be interpreted neither extensively nor restrictively but according to its purpose and context, Le. according to the usual principles of interpretation – one of which, of course, is the principle of Effectiveness ("*Ut res magis valeat quam pereat*'). What must be kept in mind is that, under Article 52(1), annulment is a limited but "*the only remedy against unjust awards*", as aptly recognized by the Committee in the MINE Decision.[34]

It is difficult to imagine that States would have ratified the Washington Convention – and thereby abandoned any national possibility of redress – if that only remedy against unjust awards were to remain purely theoretical and never effectively applied.

Moreover and on a practical and business level, reference should be made to the following anecdote, told by Professor David Caron, of Berkeley University[35]: "Instructing his lawyer in an arbitration, an American client got the answer: "*there is no possibilty to appeal in the sense of U.S. courts*". To which the resort was "*Are you advising me resolving a milion dollar dispute with only one roll of the die ?!*"

A somewhat controversial question must be mentioned at this point. When an *Ad Hoc* Committee has found that there does exist one of the grounds listed in Article 52 (and, *a fortiori*, that several grounds do affect the award), should the award be annulled (in part or in toto) ? Or has the Committee the discretionary power to reject the request for annulment, for instance because the end result would not be substantially affected ? Can it maintain the award – for instance by substituting its own reasons (a method often used by some Courts of appeal)?

On the one hand, the text of Article 52 (in the English version – but not in French) merely gives the Committee the authority to annul the award, but not the mandate. On the other hand, to concede unlimited dis-

---

[34] At para 4.05.

[35] In "*Reputation and Reality in the IGSID Annulment Process....*", ICSID Review, vol 7, N.º 1, Spring 1992, p. 48-49. The author stresses (quite rightly it is submitted that "*the international community has a greater interest in substantive correctness of ICSID awards than is implicit in the annulment process provided for in Art. 52.*" (p. 27). He concludes that "the criticism of ICSID is misplaced. " (p. 22).

cretion to the Committee seems to create a kind of legal lino man's land". It would seem hardly in keeping with an effective interpretation of Article 52, with the purpose and spirit of the Convention and with what the first *Ad Hoc* Committee (in Klöckner v. Cameroun) considered as "*the absolute right* of the parties to an ICSID abitration *to compliance with the Convention's provisions, in particular with Article 52.*" Today, 1 am inclined to believe the correct solution is to recognize a certain but Iimited discretion to the Ad Hoc Committee, allowing it to take appropriate account of the circumstances. Clearly the decision to annul is not, should not be, and has never been "*automatic*".[36]

Lastly, another argument should be mentioned, which has been raised against the ICSID institution of *Ad Hoc* Committees by a distinguished French professor and Arbitrator, Pierre Mayer: Members of *Ad Hoc* Committees are appointed in general (by the President of the Administrative Council) among persons on the ICSID list of Arbitrators) who come from the same professional and qualified "*mileu*" as the arbitrators themselves. So why, it is argued, should they be presumed to be more qualified and in a better position to reach a correct decision than the "Arbitral Tribunal". ln other words, who are they to think that they know better and are able to decide that the award should be annulled or not ? As you are aware, analogous remarks have been made, in various States, against the decisions of Appeal Courts and Supreme Courts, though the situation is of course not identical.

I submit that the answer is simple: the Ad Hoc Committee not only has a different mission, both more limited and more delicate, but it has the clear advantage of a "second study" of the case, or rather part of the case, and, so to speak, the benefit of a second debate. This fact would be, in itself, a sufficient justification if one were needed.

## VI – Conclusion

In the Washington Conference on Annulment of ICSID Awards mentioned previously on several occasions, 1 ventured to say that, in

---

[36] As erroneously claimed by Schreuer regarding the Decision Klöckner I in "Annulment of ICSID Awards", *op. cit.* page 19.

the APA-Lisbon – 19.10.07 International Seminar on Investment Arbitration field of dispute settlement, *"there is probably no subject of greater importance than finality or annullabilty of decisions"*.

And this raises a most difficult philosophical and practical question: "what is, in the last analysis, the ultimate value, finality or correctness?"

There seems to exist a large consensus (between States as weil as among practitioners and doctrinal writers) about the idea that Arbitral Awards should in principle be bindinq and "final" (for the Parties), Le. in the sense of not subject to "appeals" or ordinary challenges. This is clearly the case for normal international commercial arbitration where, as we ail know, national legislations and Court decisions have adopted a restrictive attitude regarding the grounds permitting the setting aside of Awards. I agree that this strict or restrictive attitude is desirable in general, but looking back, 1 feel bound to raise here two interrogations[37]:

When we look at contemporary practice and have a chance of reading certain recent awards (and Court decisions), one cannot help wondering whether that restrictive attitude, that great favour or trust granted to international arbitrators in "ordinary international commercial arbitration" has perhaps not been carried too far.

And the second interrogation, more directly related to the topic of this Conference, is the following: is the same *"favor arbitrii"* (or *"favor arbitrationis'*) – i.e. that is the same hostility against "appeals" (in the broad sense) also justified or acceptable also in the case of Investor-State arbitrations?

Both questions are diffcult and perhaps incapable of receiving one general solution. Nevertheless, by way of conclusion, a tentative, subjective and provisional answer may be offered:

In international commercial arbitration (between private parties, or even involving aState entity acting as commercial operator), possibiliies of setting aside proceedings should remain limited (unless of course the arbitration agreement provides otherwise).

---

[37] I must confess that 1 have some personal responsibility in the position adopted by the Swiss legislator on that point in the Chapter (12) of the Swiss Private International Law Statute of December 18,1987.

*Doutrinal*

But one may weil doubt that the judicial practice of States will or should always accept to "close its eyes" and to recognize and enforce some (manifestly) erroneous, ill-conceived and badly motivated Awards especially, of course, when public interests are involved.

As far as 1 can see, the number of such poorly reasoned and possibly erroneous awards (but not, let us hope, their proportion of the whole!) appears to have increased – perhaps inevitably with the expansion of international arbitration, and the increasing, and desirable, participation of countries and individuals having a limited experience and knowledge or even non-traditional arbitral ethics.

REVISTA INTERNACIONAL DE ARBITRAGEM E CONCILIAÇÃO

# LEGISLAÇÃO, JURISPRUDÊNCIA
# E DOCUMENTAÇÃO

# NOVO REGIME ITALIANO DA ARBITRAGEM

**Codice Di Procedura Civile Libro IV – Titolo VIII Dell'Arbitrato Risultante Dalle Modifiche Apportate Dal D. Lgs. 2 Febbraio 2006, N. 40**
"Modifiche al codice di procedura civile in materia di processo di cassazione in funzione nomofilattica e di arbitrato, a norma dell'articolo 1, comma 2, della legge 4 maggio 2005, n. 80".

## Capo I. Della Convenzione D'arbitrato

### Art. 806
### Controversie arbitrabili

[I]. Le parti possono far decidere da arbitri le controversie tra di loro insorte che non abbiano per oggetto diritti indisponibili, salvo espresso divieto di legge.

[II]. Le controversie di cui all'articolo 409 possono essere decise da arbitri solo se previsto dalla legge o nei contratti o accordi collettivi di lavoro.

### Art. 807
### Compromesso

[I]. Il compromesso deve, a pena di nullità, essere fatto per iscritto e determinare l'oggetto della controversia.

[II]. La forma scritta s'intende rispettata anche quando la volontà delle parti è espressa per telegrafo, telescrivente, telefacsimile o messaggio telematico nel rispetto della normativa, anche regolamentare, concernente la trasmissione e la ricezione dei documenti teletrasmessi.

# Art. 808
## Clausola compromissoria

[I]. Le parti, nel contratto che stipulano o in un atto separato, possono stabilire che le controversie nascenti dal contratto medesimo siano decise da arbitri, purché si tratti di controversie che possono formare oggetto di convenzione d'arbitrato. La clausola compromissoria deve risultare da atto avente la forma richiesta per il compromesso dall'articolo 807.

[II]. La validità della clausola compromissoria deve essere valutata in modo autonomo rispetto al contratto al quale si riferisce; tuttavia, il potere di stipulare il contratto comprende il potere di convenire la clausola compromissoria.

# Art. 808-bis
## Convenzione di arbitrato in materia non contrattuale

Le parti possono stabilire, con apposita convenzione, che siano decise da arbitri le controversie future relative a uno o più rapporti non contrattuali determinati. La convenzione deve risultare da atto avente la forma richiesta per il compromesso dall'articolo 807.

# Art. 808-ter
## Arbitrato irrituale

[I]. Le parti possono, con disposizione espressa per iscritto, stabilire che, in deroga a quanto disposizione dell'articolo 824-bis, la controversia sia definita dagli arbitri mediante determinazione contrattuale. Altrimenti si applicano le disposizioni del presente titolo.

[II]. Il lodo contrattuale è annullabile dal giudice competente secondo le disposizioni del libro I:

1) se la convenzione dell'arbitrato è invalida, o gli arbitri hanno pronunciato su conclusioni che esorbitano dai suoi limiti e la relativa eccezione è stata sollevata nel procedimento arbitrale;

2) se gli arbitri non sono stati nominati con le forme e nei modi stabiliti dalla convenzione arbitrale;

*Legislação, jurisprudência e documentação*

3) se il lodo è stato pronunciato da chi non poteva essere nominato arbitro a norma dell'articolo 812;

4) se gli arbitri non si sono attenuti alle regole imposte dalle parti come condizione di validità del lodo;

5) se non è stato osservato nel procedimento arbitrale il principio del contraddittorio.

[III]. Al lodo contrattuale non si applica l'articolo 825.


Art. 808-quater
Interpretazione della convenzione d'arbitrato

Nel dubbio, la convenzione d'arbitrato si interpreta nel senso che la competenza arbitrale si estende a tutte le controversie che derivano dal contratto o dal rapporto cui la convenzione si riferisce.


Art. 808-quinquies
Efficacia della convenzione d'arbitrato

La conclusione del procedimento arbitrale senza pronuncia sul merito non toglie efficacia alla convenzione d'arbitrato.


Capo II. Degli Arbitri


Art. 809
Numero degli arbitri

[I]. Gli arbitri possono essere uno o più, purché in numero dispari.

[II]. La convenzione d'arbitrato deve contenere la nomina degli arbitri oppure stabilire il numero di essi e il modo di nominarli.

[III]. In caso di indicazione di un numero pari di arbitri, un ulteriore arbitro, se le parti non hanno diversamente convenuto, è nominato dal presidente del tribunale nei modi previsti dall'articolo 810. Se manca l'indicazione del numero degli arbitri e le parti non si accordano a riguardo, gli arbitri sono tre e, in mancanza di nomina, se le parti non hanno diversamente convenuto, provvede il presidente del tribunale nei modi previsti dall'articolo 810.

## Art. 810
### Nomina degli arbitri

[I]. Quando a norma della convenzione d'arbitrato gli arbitri devono essere nominati dalle parti, ciascuna di esse, con atto notificato per iscritto, rende noto all'altra l'arbitro o gli arbitri che essa nomina, con invito a procedere alla designazione dei propri. La parte, alla quale è rivolto l'invito, deve notificare per iscritto, nei venti giorni successivi, le generalità dell'arbitro o degli arbitri da essa nominati.

[II]. In mancanza, la parte che ha fatto l'invito può chiedere, mediante ricorso, che la nomina dia fatta dal presidente del tribunale nel cui circondario è la sede dell'arbitrato. Se le parti non hanno ancora determinato la sede, il ricorso è presentato al presidente del tribunale del luogo in cui è stata stipulata la convenzione di arbitrato oppure, se tale luogo è all'estero, al presidente del tribunale di Roma.

[III]. Il presidente del tribunale competente provvede alla nomina richiestagli, se la convenzione d'arbitrato non manifestamente inesistente o non prevede manifestamente un arbitrato estero.

[IV]. Le stesse disposizioni si applicano se la nomina di uno o più arbitri è demandata dalla convenzione d'arbitrato all'autorità giudiziaria o se, essendo demandata a un terzo, questi non vi ha provveduto.

## Art. 811
### Sostituzione di arbitri

Quando per qualsiasi motivo vengono a mancare tutti o alcuni degli arbitri nominati, si provvede alla loro sostituzione secondo quanto è stabilito per la loro nomina nella convenzione d'arbitrato. Se la parte a cui spetta o il terzo non vi provvede, o se la convenzione d'arbitrato nulla dispone al riguardo, si applicano le disposizioni dell'articolo precedente.

Art. 812
Incapacità di essere arbitro

Non può essere arbitro chi è privo, in tutto o in parte, della piena capacità legale di agire.

Art. 813
Accettazione degli arbitri

[I]. L'accettazione degli arbitri deve essere data per iscritto e può risultare dalla sottoscrizione del compromesso o dal verbale della prima riunione.

[II]. Agli arbitri non compete la qualifica di pubblico ufficiale o di incaricato di un pubblico servizio.

Art. 813-bis
Decadenza degli arbitri

Se le parti non hanno diversamente convenuto, l'arbitro che omette o ritarda di compiere un atto relativo alle sue funzioni può essere sostituito d'accordo tra le parti o dal terzo a ciò incaricato dalla convenzione d'arbitrato. In mancanza, decorso il termine di quindici giorni da apposita diffida comunicata per mezzo di lettera raccomandata per ottenere l'atto, ciascuna delle parti può proporre ricorso al presidente del tribunale a norma dell'articolo 810, secondo comma. Il presidente, sentiti gli arbitri e le parti, provvede con ordinanza non impugnabile e, se accerta l'omissione o il ritardo, dichiara la decadenza dell'arbitro e provvede alla sua sostituzione.

Art. 813-ter
Responsabilità degli arbitri

[I]. Risponde dei danni cagionati alle parti l'arbitro che:
1) con dolo o colpa grave ha omesso o ritardato atti dovuti ed è stato perciò dichiarato decaduto, ovvero ha rinunciato all'incarico senza giustificato motivo;

Revista Internacional de Arbitragem e Conciliação

2) con dolo o colpa grave ha omesso o impedito la pronuncia del lodo entro il termine fissato a norma degli articoli 820 o 826.

[II]. Fuori dai precedenti casi, gli arbitri rispondono esclusivamente per dolo o colpa grave entro i limiti previsti dall'articolo 2, commi 2 e 3, della legge 13 aprile 1988, n. 117.

[III]. L'azione di responsabilità può essere proposta in pendenza del giudizio arbitrale soltanto nel caso previsto dal primo comma, n. 1).

[IV]. Se è stato pronunciato il lodo, l'azione di responsabilità può essere proposta soltanto dopo l'accoglimento dell'impugnazione con sentenza passata in giudicato e per i motivi per cui l'impugnazione è stata accolta.

[V]. Se la responsabilità non dipende da dolo dell'arbitro, la misura del risarcimento non può superare una somma pari al triplo del compenso convenuto o, in mancanza di determinazione convenzionale, pari al triplo del compenso previsto dalla tariffa applicabile.

[VI]. Nei casi di responsabilità dell'arbitro il corrispettivo e il rimborso delle spese non gli sono dovuti o, nel caso di nullità parziale del lodo, sono soggetti a riduzione.

[VII]. Ciascun arbitro risponde solo del fatto proprio.

## Art. 814
### Diritti degli arbitri

[I]. Gli arbitri hanno diritto al rimborso delle spese e all'onorario per l'opera prestata, se non vi hanno rinunciato al momento dell'accettazione o con atto scritto successivo. Le parti sono tenute solidalmente al pagamento, salvo rivalsa tra loro.

[II]. Quando gli arbitri provvedono direttamente alla liquidazione delle spese e dell'onorario, tale liquidazione non è vincolante per le parti se esse non l'accettano. In tal caso l'ammontare delle spese e dell'onorario è determinato con ordinanza dal presidente del tribunale indicato nell'articolo 810, secondo comma, su ricorso degli arbitri e sentite le parti.

[III]. L'ordinanza è titolo esecutivo contro le parti ed è soggetta a reclamo a norma dell'articolo 825, quarto comma. Si applica l'articolo 830, quarto comma.

*Legislação, jurisprudência e documentação*

Art. 815
Ricusazione degli arbitri

[I]. Un arbitro può essere ricusato:

1) se non ha le qualifiche espressamente convenute dalle parti;

2) se egli stesso, o un ente, associazione o società di cui sia amministratore, ha interesse nella causa;

3) se egli stesso o il coniuge è parente fino al quarto grado o è convivente o commensale abituale di una delle parti, di un rappresentante legale di una delle parti, o di alcuno dei difensori;

4) se egli stesso o il coniuge ha causa pendente o grave inimicizia con una delle parti, o con un suo rappresentante legale, o con alcuno dei suoi difensori;

5) se è legato ad una delle parti, a una società da questa controllata, al soggetto che la controlla, o a società sottoposta a comune controllo, da un rapporto di lavoro subordinato o da un rapporto continuativo di consulenza o di prestazione d'opera retribuita, ovvero da altri rapporti di natura patrimoniale o associativa che ne compromettono l'indipendenza; inoltre, se è tutore o curatore di una delle parti;

6) se ha prestato consulenza, assistenza o difesa ad una delle parti in una precedente fase della vicenda o vi ha deposto come testimone.

[II]. Una parte non può ricusare l'arbitro che essa ha nominato o contribuito a nominare se non per motivi conosciuti dopo la nomina.

[II]. La ricusazione è proposta mediante ricorso al presidente del tribunale indicato nell'articolo 810, secondo comma, entro il termine perentorio di dieci giorni dalla notificazione della nomina o dalla sopravvenuta conoscenza della causa di ricusazione. Il presidente pronuncia con ordinanza non impugnabile, sentito l'arbitro ricusato e le parti e assunte, quando occorre, sommarie informazioni.

[III]. Con l'ordinanza il presidente provvede sulle spese. Nel caso di manifesta inammissibilità o manifesta infondatezza dell'istanza di ricusazione condanna la parte che l'ha proposta al pagamento, in favore dell'altra parte, di una somma equitativamente determinata non superiore al triplo del massimo del compenso spettante all'arbitro singolo in base alla tariffa forense.

[IV]. La proposizione dell'istanza di ricusazione non sospende il procedimento arbitrale, salvo diversa determinazione degli arbitri. Tutta-

*Revista Internacional de Arbitragem e Conciliação*

via, se l'istanza è accolta, l'attività compiuta dall'arbitro ricusato o con il suo concorso è inefficacie.

## Capo III. Del Procedimento

### Art. 816
### Sede dell'arbitrato

[I]. Le parti determinano la sede dell'arbitrato nel territorio della Repubblica; altrimenti provvedono gli arbitri.

[II]. Se le parti e gli arbitri non hanno determinato la sede dell'arbitrato, questa è nel luogo in cui è stata stipulata la convenzione di arbitrato. Se tale luogo non si trova nel territorio nazionale, la sede è a Roma.

[III]. Se la convenzione d'arbitrato non dispone diversamente, gli arbitri possono tenere udienza, compiere atti istruttori, deliberare ed apporre le loro sottoscrizioni al lodo anche in luoghi diversi dalla sede dell'arbitrato ed anche all'estero.

### Art. 816-bis
### Svolgimento del processo

[I]. Le parti possono stabilire nella convenzione d'arbitrato, o con atto scritto separato, purché anteriore all'inizio del giudizio arbitrale, le norme che gli arbitri debbono osservare nel procedimento e la lingua dell'arbitrato. In mancanza di tali norme gli arbitri hanno facoltà di regolare lo svolgimento del giudizio e determinare la lingua dell'arbitrato nel modo che ritengono più opportuno. Essi debbono in ogni caso attuare il principio del contraddittorio, concedendo alle parti ragionevoli ed equivalenti possibilità di difesa. Le parti possono stare in arbitrato per mezzo di difensori. In mancanza di espressa limitazione, la procura del difensore si estende a qualsiasi atto processuale, ivi compresa la rinuncia agli atti e la determinazione o proroga del termine per la pronuncia del lodo. In ogni caso, il difensore può essere destinatario della comunicazione della notificazione del lodo e della notificazione della sua impugnazione.

[II]. Le parti o gli altri arbitri possono autorizzare il presidente del collegio arbitrale a deliberare le ordinanze circa lo svolgimento del procedimento.

[III]. Su tutte le questioni che si presentano nel corso del procedimento gli arbitri, se non ritengono di provvedere con lodo non definitivo, provvedono con ordinanza revocabile non soggetta a deposito.

Art. 816-ter<br>Istruzione probatoria

[I]. L'istruttoria o singoli atti di istruzione possono essere delegati dagli arbitri ad uno di essi.

[II]. Gli arbitri possono assumere direttamente presso di sé la testimonianza, ovvero deliberare di assumere la deposizione del testimone, ove questi vi consenta, nella sua abitazione o nel suo ufficio. Possono altresì deliberare di assumere la deposizione richiedendo al testimone di fornire per iscritto risposte a quesiti nel termine che essi stabiliscono.

[III]. Se un testimone rifiuta di comparire davanti agli arbitri, questi, quando lo ritengono opportuno secondo le circostanze, possono richiedere al presidente del tribunale della sede dell'arbitrato che ne ordini la comparizione davanti a loro.

[IV]. Nell'ipotesi prevista dal precedente comma il termine per la pronuncia del lodo è sospeso dalla data dell'ordinanza alla data dell'udienza fissata per l'assunzione della testimonianza.

[V]. Gli arbitri possono farsi assistere da uno o più consulenti tecnici. Possono esser nominati consulenti tecnici sia persone fisiche, sia enti.

[VI]. Gli arbitri possono chiedere alla pubblica amministrazione le informazioni scritte relative ad atti e documenti dell'amministrazione stessa, che è necessario acquisire al giudizio.

Art. 816-quater<br>Pluralità di parti

[I]. Qualora più di due parti siano vincolate dalla stessa convenzione d'arbitrato, ciascuna parte può convenire tutte o alcune delle altre nel medesimo procedimento arbitrale se la convenzione d'arbitrato devolve a un terzo la nomina degli arbitri, se gli arbitri sono nominati con l'accordo di tutte le parti, ovvero se le altre parti, dopo che la prima ha nominato l'arbitro o gli arbitri, nominano d'accordo un ugual numero di arbitri o ne affidano a un terzo la nomina.

[II]. Fuori dai casi previsti nel precedente comma il procedimento iniziato da una parte nei confronti di altre si scinde in tanti procedimenti quante sono queste ultime.

[III]. Se non si verifica l'ipotesi prevista dal primo comma e si versa in caso di litisconsorzio necessario, l'arbitrato è improcedibile.

Art. 816-quinquies

Intervento di terzi e successione nel diritto controverso

[I]. L'intervento volontario o la chiamata in arbitrato di un terzo sono ammessi solo con l'accordo del terzo e delle parti e con il consenso degli arbitri.

[II]. Sono sempre ammessi l'intervento previsto dal secondo comma dell'articolo 105 e l'intervento del litisconsorte necessario.

[III]. Si applica l'articolo 111.

Art. 816-sexies

Morte, estinzione o perdita di capacità della parte

[I]. Se la parte viene meno per morte o altra causa, ovvero perde la capacità legale, gli arbitri assumono le misure idonee a garantire l'applicazione del contraddittorio ai fini della prosecuzione del giudizio. Essi possono sospendere il procedimento.

[II]. Se nessuna delle parti ottempera alle disposizioni degli arbitri per la prosecuzione del giudizio, gli arbitri possono rinunciare all'incarico.

Art. 816-septies

Anticipazione delle spese

[I]. Gli arbitri possono subordinare la prosecuzione del procedimento al versamento anticipato delle spese prevedibili. Salvo diverso

Legislação, jurisprudência e documentação

accordo delle parti, gli arbitri determinano la misura dell'anticipazione a carico di ciascuna parte.

[II]. Se una delle parti non presta l'anticipazione richiestale, l'altra può anticipare la totalità delle spese. Se le parti non provvedono all'anticipazione nel termine fissato dagli arbitri, non sono più vincolate alla convenzione di arbitrato con riguardo alla controversia che ha dato origine al procedimento arbitrale.

## Art. 817
### Eccezione d'incompetenza

[I]. Se la validità, il contenuto o l'ampiezza della convenzione d'arbitrato o la regolare costituzione degli arbitri sono contestate nel corso dell'arbitrato, gli arbitri decidono sulla propria competenza.

[II]. Questa disposizione si applica anche se i poteri degli arbitri sono contestati in qualsiasi sede per qualsiasi ragione sopravvenuta nel corso del procedimento.

[III]. La parte che non eccepisce nella prima difesa successiva all'accettazione degli arbitri l'incompetenza di questi per inesistenza, invalidità o inefficacia della convenzione d'arbitrato non può per questo motivo impugnare il lodo, salvo il caso di controversia non arbitrabile.

[IV]. La parte che non eccepisce nel corso dell'arbitrato che le conclusioni delle altre parti esorbitano dai limiti della convenzione arbitrale, non può, per questo motivo, impugnare il lodo.

## Art. 817-bis
### Compensazione

Gli arbitri sono competenti a conoscere dell'eccezione di compensazione, nei limiti del valore della domanda, anche se il controcredito non è compreso nell'ambito della convenzione di arbitrato.

## Art. 818
### Provvedimenti cautelari

Gli arbitri non possono concedere sequestri, né altri provvedimenti cautelari, salva diversa disposizione di legge.

## Art. 819
### Questioni pregiudiziali di merito

[I]. Gli arbitri risolvono senza autorità di giudicato tutte le questioni rilevanti per la decisione della controversia, anche se vertono su materie che non possono essere oggetto di convenzione di arbitrato, salvo che debbano essere decise con efficacia di giudicato per legge.

[II]. Su domanda di parte, le questioni pregiudiziali sono decise con efficacia di giudicato se vertono su materie che possono essere oggetto di convenzione di arbitrato. Se tali questioni non sono comprese nella convenzione di arbitrato, la decisione con efficacia di giudicato è subordinata alla richiesta di tutte le parti.

## Art. 819-bis
### Sospensione del procedimento arbitrale

[I]. Ferma l'applicazione dell'articolo 816-sexies, gli arbitri sospendono il procedimento arbitrale con ordinanza motivata nei seguenti casi:

1) quando il processo dovrebbe essere sospeso a norma del comma terzo dell'articolo 75 del codice di procedura penale, se la controversia fosse pendente davanti all'autorità giudiziaria;

2) se sorge questione pregiudiziale su materia che non può essere oggetto di convenzione d'arbitrato e per legge deve essere decisa con autorità di giudicato;

3) quando rimettono alla Corte costituzionale una questione di legittimità costituzionale ai sensi dell'articolo 23 della legge 11 marzo 1953, n. 87.

[III]. Se nel procedimento arbitrale è invocata l'autorità di una sentenza e questa è impugnata, si applica il secondo comma dell'articolo 337.

[IV]. Una volta disposta la sospensione, il procedimento si estingue se nessuna parte deposita presso gli arbitri istanza di prosecuzione entro il termine fissato dagli arbitri stessi o, in difetto, entro un anno dalla cessazione della causa di sospensione. Nel caso previsto dal primo comma, numero 2), il procedimento si estingue altresì se entro novanta giorni dall'ordinanza di sospensione nessuna parte deposita presso gli arbitri copia autentica dell'atto con il quale la controversia sulla questione pregiudiziale è proposta davanti all'autorità giudiziaria.

Art. 819-ter
Rapporti tra arbitri e autorità giudiziaria

[I]. La competenza degli arbitri non è esclusa dalla pendenza della stessa causa davanti al giudice, né dalla connessione tra la controversia ad essi deferita ed una causa pendente davanti al giudice. La sentenza, con la quale il giudice afferma o nega la propria competenza in relazione a una convenzione d'arbitrato è impugnabile a norma degli articoli 42 e 43. L'eccezione di incompetenza del giudice in ragione della convenzione di arbitrato deve essere proposta, a pena di decadenza, nella comparsa di risposta. La mancata proposizione dell'eccezione esclude la competenza arbitrale limitatamente alla controversia dedotta in giudizio.

[II]. Nei rapporti tra arbitrato e processo giudiziario non si applicano regole corrispondenti agli articoli 44, 45, 48, 50 e 295.

[III]. In pendenza del procedimento arbitrale non possono essere proposte domande giudiziali aventi ad oggetto l'invalidità o inefficacia della convenzione di arbitrato.

Capo IV. Del Lodo

Art. 820
Termini per la decisione

[I]. Le parti possono, con la convezione di arbitrato o con accordo anteriore all'accettazione degli arbitri, fissare un termine per la pronuncia del lodo.

[II]. Se non è stato fissato un termine per la pronuncia del lodo, gli arbitri debbono pronunciare il lodo nel termine di duecentoquaranta giorni dall'accettazione della nomina.

[III]. In ogni caso il termine può essere prorogato: a) mediante dichiarazioni scritte di tutte le parti indirizzate agli arbitri;

b) dal presidente del tribunale indicato nell'articolo 810, secondo comma, su istanza motivata di una delle parti o degli arbitri, sentite le parti; il termine può essere prorogato solo prima della sua scadenza.

[IV]. Se le parti non hanno disposto diversamente, il termine è prorogato di centottanta giorni nei casi seguenti e per non più di una volta nell'ambito di ciascuno di essi: a) se debbono essere assunti mezzi di prova; b) se è disposta consulenza tecnica d'ufficio;

c) se è pronunciato un lodo non definitivo o un lodo parziale;

d) se è modificata la composizione del collegio arbitrale o è sostituito l'arbitro unico.

[VI]. Il termine per la pronuncia del lodo è sospeso durante la sospensione del procedimento. In ogni caso, dopo la ripresa del procedimento, il termine residuo, se inferiore, è esteso a novanta giorni.

## Art. 821
### Rilevanza del decorso del termine

[I]. Il decorso del termine indicato nell'articolo precedente non può essere fatto valere come causa di nullità del lodo se la parte, prima della deliberazione del lodo risultante dal dispositivo sottoscritto dalla maggioranza degli arbitri, non abbia notificato alle altre parti e agli arbitri che intende far valere la loro decadenza.

[II]. Se la parte fa valere la decadenza degli arbitri, questi, verificato il decorso del termine, dichiarano estinto il procedimento.

## Art. 822
### Norme per la deliberazione

Gli arbitri decidono secondo le norme di diritto, salvo che le parti abbiano disposto con qualsiasi espressione che gli arbitri pronunciano secondo equità.

## Art. 823
### Deliberazione e requisiti del lodo

[I]. Il lodo è deliberato a maggioranza di voti con la partecipazione di tutti gli arbitri ed è quindi redatto per iscritto. Ciascun arbitro può chiedere che il lodo, o una parte di esso, sia deliberato dagli arbitri riuniti in conferenza personale.

[II]. Il lodo deve contenere:

1) il nome degli arbitri;

2) l'indicazione della sede dell'arbitrato;

3) l'indicazione delle parti;

4) l'indicazione della convenzione di arbitrato e delle conclusioni delle parti;

5) l'esposizione sommaria dei motivi;

6) il dispositivo;

7) la sottoscrizione degli arbitri. La sottoscrizione della maggioranza degli arbitri è sufficiente, se accompagnata dalla dichiarazione che esso è stato deliberato con la partecipazione di tutti e che gli altri non hanno voluto o non hanno potuto sottoscriverlo;

8) la data delle sottoscrizioni.

Art. 824

Originali e copie del lodo

Gli arbitri redigono il lodo in uno o più originali. Gli arbitri danno comunicazione del lodo a ciascuna parte mediante consegna di un originale, o di una copia attestata conforme dagli stessi arbitri, anche con spedizione in plico raccomandato, entro dieci giorni dalla sottoscrizione del lodo.

Art. 824-bis

Efficacia del lodo

Salvo quanto disposto dall'articolo 825, il lodo ha dalla data della sua ultima sottoscrizione gli effetti della sentenza pronunciata dall'autorità giudiziaria.

Art. 825

Deposito del lodo

[I]. La parte che intende fare eseguire il lodo nel territorio della Repubblica ne propone istanza depositando il lodo in originale, o in copia conforme, insieme con l'atto contenente la convenzione di arbitrato, in originale o in copia conforme, nella cancelleria del tribunale nel cui circondario è la sede dell'arbitrato. Il tribunale, accertata la regolarità formale del lodo, lo dichiara esecutivo con decreto. Il lodo reso esecutivo è soggetto a trascrizione o annotazione in tutti i casi nei quali sarebbe soggetta a trascrizione o annotazione la sentenza avente il medesimo contenuto.

[II]. Del deposito e del provvedimento del tribunale è data notizia dalla cancelleria alle parti nei modi stabiliti dall'articolo 133, secondo comma.

[III]. Contro il decreto che nega o concede l'esecutorietà del lodo è ammesso reclamo mediante ricorso alla corte d'appello entro trenta giorni dalla comunicazione; la corte, sentite le parti, provvede in camera di consiglio con ordinanza.

<br>

Art. 826
Correzione del lodo

[I]. Ciascuna parte può chiedere agli arbitri entro un anno dalla comunicazione del lodo:

a) di correggere nel testo del lodo omissioni o errori materiali o di calcolo, anche se hanno determinato una divergenza fra diversi originali del lodo pure se relativa alla sottoscrizione degli arbitri;

b) di integrare il lodo con uno degli elementi indicati nell'articolo 823, numeri 1), 2 ), 3), 4).

[II]. Gli arbitri, sentite le parti, provvedono entro il termine di sessanta giorni. Della correzione è data comunicazione alle parti a norma dell'articolo 824.

[III]. Se gli arbitri non provvedono, l'istanza di correzione è proposta al tribunale nel cui circondario ha sede l'arbitrato.

[IV]. Se il lodo è stato depositato, la correzione è richiesta al tribunale del luogo in cui è stato depositato. Si applicano le disposizioni dell'articolo 288, in quanto compatibili.

[V]. Alla correzione può provvedere anche il giudice di fronte al quale il lodo è stato impugnato o fatto valere.

*Legislação, jurisprudência e documentação*

## Capo V. Delle Impugnazioni

### Art. 827
### Mezzi di impugnazione

[I]. Il lodo è soggetto all'impugnazione per nullità, per revocazione e per opposizione di terzo.

[II]. I mezzi di impugnazione possono essere proposti indipendentemente dal deposito del lodo.

[III]. Il lodo che decide parzialmente il merito della controversia è immediatamente impugnabile, ma il lodo che risolve alcune delle questioni insorte senza definire il giudizio arbitrale è impugnabile solo unitamente al lodo definitivo.

### Art. 828
### Impugnazione per nullità

[I]. L'impugnazione per nullità si propone, nel termine di novanta giorni dalla notificazione del lodo, davanti alla corte d'appello nel cui distretto è la sede dell'arbitrato.

[II]. L'impugnazione non è più proponibile decorso un anno dalla data dell'ultima sottoscrizione.

[III]. L'istanza per la correzione del lodo non sospende il termine per l'impugnazione; tuttavia il lodo può essere impugnato relativamente alle parti corrette nei termini ordinari, a decorrere dalla notificazione dell'atto di correzione.

### Art. 829
### Casi di nullità

[I]. L'impugnazione per nullità è ammessa, nonostante qualunque preventiva rinuncia, nei casi seguenti:

1) se la convenzione d'arbitrato è invalida, ferma la disposizione dell'articolo 817, terzo comma;

2) se gli arbitri non sono stati nominati con le forme e nei modi prescritti nei capi II e IV del presente titolo, purché la nullità sia stata dedotta nel giudizio arbitrale;

3) se il lodo è stato pronunciato da chi non poteva essere nominato arbitro a norma dell'articolo 812;

4) se il lodo ha pronunciato fuori dei limiti della convenzione di arbitrato, ferma la disposizione dell'articolo 817, quarto comma, o ha deciso il merito della controversia in ogni altro caso in cui il merito non poteva essere deciso;

5) se il lodo non ha i requisiti indicati nei numeri 5), 6), 7) dell'articolo 823;

6) se il lodo è stato pronunciato dopo la scadenza del termine stabilito, salvo il disposto dell'articolo 821;

7) se nel procedimento non sono state osservate le forme prescritte dalle parti sotto espressa sanzione di nullità e la nullità non è stata sanata;

8) se il lodo è contrario ad altro precedente lodo non più impugnabile o a precedente sentenza passata in giudicato tra le parti, purché tale lodo o tale sentenza sia stata prodotta nel procedimento;

9) se non è stato osservato nel procedimento arbitrale il principio del contraddittorio;

10) se il lodo conclude il procedimento senza decidere il merito della controversia e il merito della controversia doveva essere deciso dagli arbitri;

11) se il lodo contiene disposizioni contraddittorie;

12) se il lodo non ha pronunciato su alcuna delle domande ed eccezioni proposte dalle parti in conformità alla convenzione di arbitrato.

[II]. La parte che ha dato causa a un motivo di nullità, o vi ha rinunciato, o che non ha eccepito nella prima istanza o difesa successiva la violazione di una regola che disciplina lo svolgimento del procedimento arbitrale, non può per questo motivo impugnare il lodo.

[III]. L'impugnazione per violazione delle regole di diritto relative al merito della controversia è ammessa se espressamente disposta dalle parti o dalla legge. È ammessa in ogni caso l'impugnazione delle decisioni contrarie all'ordine pubblico.

[IV]. L'impugnazione per violazione delle regole di diritto relative al merito della controversia è sempre ammessa: 1) nelle controversie previste dall'articolo 409;

2) se la violazione delle regole di diritto concerne la soluzione di questione pregiudiziale su materia che non può essere oggetto di convenzione di arbitrato.

## Legislação, jurisprudência e documentação

[V]. Nelle controversie previste dall'articolo 409 il lodo è soggetto ad impugnazione anche per violazione dei contratti e accordi collettivi.

### Art. 830
#### Decisione sull'impugnazione per nullità

[I]. La corte di appello decide sull'impugnazione per nullità e, se l'accoglie, dichiara con sentenza la nullità del il lodo. Se il vizio incide su una parte del lodo che sia scindibile dalle altre, dichiara la nullità parziale del lodo.

[II]. Se il lodo è annullato per i motivi di cui all'articolo 829, comma primo, numeri 5), 6), 7), 8), 9), 11) o 12), terzo, quarto o quinto, la corte d'appello decide la controversia nel merito salvo che le parti non abbiano stabilito diversamente nella convenzione di arbitrato o con accordo successivo. Tuttavia, se una delle parti, alla data della sottoscrizione della convenzione di arbitrato, risiede o ha la propria sede effettiva all'estero, la corte d'appello decide la controversia nel merito solo se le parti hanno così stabilito nella convenzione di arbitrato o ne fanno concorde richiesta.

[III]. Quando la corte d'appello non decide nel merito, alla controversia si applica la convenzione di arbitrato, salvo che l'annullamento dipenda dalla sua invalidità o inefficacia.

[IV]. Su istanza di parte anche successiva alla proposizione dell'impugnazione, la corte d'appello può sospendere con ordinanza l'efficacia del lodo, quando ricorrono gravi motivi.

### Art. 831
#### Revocazione ed opposizione di terzo

[I]. Il lodo, nonostante qualsiasi rinuncia, è soggetto a revocazione nei casi indicati nei numeri 1), 2), 3) e 6) dell'articolo 395, osservati i termini e le forme stabiliti nel libro secondo.

[II]. Se i casi di cui al primo comma si verificano durante il corso del processo di impugnazione per nullità, il termine per la proposizione della domanda di revocazione è sospeso fino alla comunicazione della sentenza che abbia pronunciato sulla nullità.

[III]. Il lodo è soggetto ad opposizione di terzo nei casi indicati nell'articolo 404.

[IV]. Le impugnazioni per revocazione e per opposizione di terzo si propongono davanti alla corte d'appello nel cui distretto è la sede dell'arbitrato, osservati i termini e le forme stabiliti nel libro secondo.

[V]. La corte d'appello può riunire le impugnazioni per nullità, per revocazione e per opposizione di terzo nello stesso processo, se lo stato della causa preventivamente proposta consenta l'esauriente trattazione e decisione delle altre cause.

## Capo VI. Dell'arbitrato Secondo Regolamenti Precostituiti

### Art. 832
### Rinvio a regolamenti arbitrali

[I]. La convenzione d'arbitrato può fare rinvio a un regolamento arbitrale precostituito.

[II]. Nel caso di contrasto tra quanto previsto nella convenzione di arbitrato e quanto previsto dal regolamento, prevale la convenzione di arbitrato.

[III]. Se le parti non hanno diversamente convenuto, si applica il regolamento in vigore al momento in cui il procedimento arbitrale ha inizio.

[IV]. Le istituzioni di carattere associativo e quelle costituite per la rappresentanza degli interessi di categorie professionali non possono nominare arbitri nelle controversie che contrappongono i propri associati o appartenenti alla categoria professionale a terzi.

[V]. Il regolamento può prevedere ulteriori casi di sostituzione e ricusazione degli arbitri in aggiunta a quelli previsti dalla legge.

[VI]. Se l'istituzione arbitrale rifiuta di amministrare l'arbitrato, la convenzione d'arbitrato mantiene efficacia e si applicano i precedenti capi di questo titolo.

### Art. 833
### Forma della clausola compromissoria

(art. abrogato dall'art. 28, D.Lgs. 2 febbraio 2006, n. 40)

# Art. 834
## Norme applicabili al merito

(art. abrogato dall'art. 28, D.Lgs. 2 febbraio 2006, n. 40)

# Art. 835
## Lingua dell'arbitrato

(art. abrogato dall'art. 28, D.Lgs. 2 febbraio 2006, n. 40)

# Art. 836
## Ricusazione degli arbitri

(art. abrogato dall'art. 28, D.Lgs. 2 febbraio 2006, n. 40)

# Art. 837
## Deliberazione del lodo

(art. abrogato dall'art. 28, D.Lgs. 2 febbraio 2006, n. 40)

# Art. 838
## Impugnazione

(art. abrogato dall'art. 28, D.Lgs. 2 febbraio 2006, n. 40)

## Capo VII. Dei Lodi Stranieri((1))

# Art. 839
## Riconoscimento ed esecuzione dei lodi stranieri

[I]. Chi vuol far valere nella Repubblica un lodo straniero deve proporre ricorso al presidente della corte d'appello nella cui circoscrizione risiede l'altra parte; se tale parte non risiede in Italia è competente la corte d'appello di Roma.

[II]. Il ricorrente deve produrre il lodo in originale o in copia conforme, insieme con l'atto di compromesso, o documento equipollente, in originale o in copia conforme.

[III]. Qualora i documenti di cui al secondo comma non siano redatti in lingua italiana la parte istante deve altresì produrne una traduzione certificata conforme.

[IV]. Il presidente della corte d'appello, accertata la regolarità formale del lodo, dichiara con decreto l'efficacia del lodo straniero nella Repubblica, salvo che: 1) la controversia non potesse formare oggetto di compromesso secondo la legge italiana [806, 808];

2) il lodo contenga disposizioni contrarie all'ordine pubblico.

<br>

Art. 840

Opposizione

[I]. Contro il decreto che accorda o nega l'efficacia del lodo straniero è ammessa opposizione da proporsi con citazione dinanzi alla corte d'appello entro trenta giorni dalla comunicazione, nel caso di decreto che nega l'efficacia, ovvero dalla notificazione nel caso di decreto che l'accorda.

[II]. In seguito all'opposizione il giudizio si svolge a norma degli articoli 645 e seguenti in quanto applicabili. La corte d'appello pronuncia con sentenza impugnabile per cassazione.

[III]. Il riconoscimento o l'esecuzione del lodo straniero sono rifiutati dalla corte d'appello se nel giudizio di opposizione la parte contro la quale il lodo è invocato prova l'esistenza di una delle seguenti circostanze:

1) le parti della convenzione arbitrale erano incapaci in base alla legge ad esse applicabile oppure la convenzione arbitrale non era valida secondo la legge alla quale le parti l'hanno sottoposta o, in mancanza di indicazione a tale proposito, secondo la legge dello Stato in cui il lodo è stato pronunciato;

2) la parte nei cui confronti il lodo è invocato non è stata informata della designazione dell'arbitro o del procedimento arbitrale o comunque

è stata nell'impossibilità di far valere la propria difesa nel procedimento stesso;

3) il lodo ha pronunciato su una controversia non contemplata nel compromesso o nella clausola compromissoria, oppure fuori dei limiti del compromesso o della clausola compromissoria; tuttavia, se le statuizioni del lodo che concernono questioni sottoposte ad arbitrato possono essere separate da quelle che riguardano questioni non sottoposte ad arbitrato, le prime possono essere riconosciute e dichiarate esecutive;

4) la costituzione del collegio arbitrale o il procedimento, arbitrale non sono stati conformi all'accordo delle parti o, in mancanza di tale accordo, alla legge del luogo di svolgimento dell'arbitrato;

5) il lodo non è ancora divenuto vincolante per le parti o è stato annullato o sospeso da un'autorità competente dello Stato nel quale, o secondo la legge del quale, è stato reso.

[IV]. Allorché l'annullamento o la sospensione dell'efficacia del lodo straniero siano stati richiesti all'autorità competente indicata nel numero 5) del terzo comma, la corte d'appello può sospendere il procedimento per il riconoscimento o l'esecuzione del lodo; su istanza della parte che ha richiesto l'esecuzione può, in caso di sospensione, ordinare che l'altra presti idonea garanzia.

[V]. Il riconoscimento o l'esecuzione del lodo straniero sono altresì rifiutati allorché la corte d'appello accerta che: 1) la controversia non potesse formare oggetto di compromesso secondo la legge italiana [806, 808];

2) il lodo contenga disposizioni contrarie all'ordine pubblico.

[VI]. Sono in ogni caso salve le norme stabilite in convenzioni internazionali.

ENTRATA IN VIGORE: le modifiche da 806 a 808 quinquies C.P.C. si applicano alle convenzioni arbitrali stipulate successivamente all'entrata in vigore del D. Lgs. 40 del 2006. Le restanti modifiche si applicano ai procedimenti arbitrali attivati dopo l'entrata in vigore del decreto legislativo.

---

(1) Capo aggiunto dall'art. 24, L. 5 gennaio 1994, n. 25.

**Armindo Ribeiro Mendes**
Advogado; Antigo Juiz do Tribunal Constitucional

**Sofia Ribeiro Mendes**
Advogada da Sociedade Vieira de Almeida & Associados

# Crónica de Jurisprudência

# I – INTRODUÇÃO

1. Tradicionalmente, o recurso à arbitragem voluntária em Portugal era pouco frequente, nomeadamente quando a mesma estava disciplinada nos sucessivos Códigos de Processo Civil.

Praticamente arredada do Direito Administrativo, a arbitragem voluntária em Portugal constituía uma opção das partes de certos contratos civis ou comerciais mais importantes, do ponto de vista económico. Grande parte dos litígios submetidos a tribunais arbitrais acabava por ser decidida pelos tribunais superiores portugueses porque a interposição de recursos das sentenças arbitrais para os tribunais da Relação só era vedada se as partes tivessem acordado renunciar previamente aos recursos (art. 1575.º do CPC de 1939; art. 1523.º do CPC de 1961). O Código de Processo Civil de 1939 tinha inovatoriamente criado a regra de que a "concessão, aos árbitros, da faculdade de julgarem *ex aequo et bono* envolve necessariamente a renúncia aos recursos", mas parecem ter, sido escassos os casos em que as partes haviam celebrado cláusulas compromissórias ou compromissos arbitrais prevendo a atribuição de tal faculdade aos árbitros.

Antes da década de oitenta do passado século contam-se pelos dedos os casos publicados sobre decisões dos tribunais superiores que tinham apreciado recursos de decisões arbitrais, aparecendo também algumas decisões sobre a excepção de preterição de tribunal arbitral voluntário deduzida em processos pendentes em tribunais judiciais.

2. A partir da entrada em vigor da Lei n.º 31/86, de 29 de Agosto, Lei de Arbitragem Voluntária (LAV), de uma forma lenta, vai entrando na prática contratual portuguesa o hábito de estipulação de convenções de arbitragem, nomeadamente prevendo a submissão dos litígios a soluções de arbitragem institucionalizada (desde logo, a submissão dos litígios ao Centro de Arbitragem Comercial instituído conjuntamente pela Associação Comercial de Lisboa – Câmara de Comércio e Indústria Portuguesa e Associação Comercial do Porto – Câmara de Comércio e Indústria do Porto, cujo regulamento foi aprovado em 1 de Outubro de 1987, tendo agora este regulamento sido substituído em Lisboa pelo de Setembro de 2008).

Embora a LAV tenha mantido a solução dos precedentes Códigos de Processo Civil em matéria de recorribilidade das sentenças arbitrais (art. 29.º)[1], na arbitragem institucionalizada prevê-se em regra a irrecorribilidade das sentenças arbitrais. Nos casos de irrecorribilidade por renúncia, só através da acção de anulação – que é irrenunciável (art. 28.º, n.º 1, da LAV) – podem os tribunais judiciais exercer um controlo limitado sobre certos aspectos atinentes à validade da convenção de arbitragem, à competência e regularidade de constituição do tribunal arbitral e à regularidade do processo arbitral.

3. A leitura das publicações de recolha de jurisprudência e a consulta das Bases de Dados do ITIJ (Ministério de Justiça) permitem o acesso à jurisprudência dos tribunais superiores portugueses sobre a arbitragem voluntária, seja no domínio do Direito Privado, seja – mais recentemente – no domínio do Direito Administrativo[2].

A *Revista Internacional de Conciliação e Arbitragem*, neste seu primeiro número, insere uma crónica sobre a jurisprudência portuguesa em matéria de arbitragem relativa ao ano de 2007. É intenção da Direcção da Revista manter esta Crónica nos números subsequentes.

Se é difícil o acesso a sentenças arbitrais, dada a confidencialidade da maior parte dos processos arbitrais, tal acesso é livre quando se trata de decisões dos tribunais superiores.

---

[1] Vejam-se as críticas à solução da LAV feitas por Manuel Pereira Barroca, "Contribuição para a Reforma da Lei de Arbitragem Voluntária", in *Revista da Ordem dos Advogados*, ano 67 (2007), I, págs. 294-299.

[2] No que toca à jurisprudência dos tribunais superiores da ordem judicial, o primeiro autor desta Crónica procurou recensear a mais importante jurisprudência em estudo designado, <u>Balanço dos Vinte Anos de Vigência da Lei de Arbitragem Voluntária (Lei n.º 31/86, de 29 de Agosto): Sua Importância no Desenvolvimento da Arbitragem Comercial e Necessidade de Alterações</u> (comunicação feita ao I Congresso de Arbitragem Comercial realizado em 2007 sob a égide da Associação Comercial de Lisboa, publicada em 2008 na obra colectiva *I Congresso do Centro de Arbitragem Comercial da Câmara de Comércio e Indústria Portuguesa*, Coimbra, Almedina, págs. 13-70). Vejam-se ainda os estudos de comentário à jurisprudência de João L. Lopes dos Reis e António Sampaio Caramelo e as numerosas referências feitas por Luís de Lima Pinheiro in *Arbitragem Transnacional – A Determinação do Estatuto de Arbitragem*, 2005, Coimbra, Almedina, nomeadamente as notas de págs. 172, 174, 175, 190, 191 e 192, entre muitas outras.

## Legislação, jurisprudência e documentação

4. Neste número da *Revista* a análise incidirá apenas sobre a jurisprudência dos tribunais superiores, embora tenhamos a esperança de que, em crónicas futuras, será possível analisar algumas sentenças arbitrais que cheguem ao nosso conhecimento e desde que seja lícito dar-lhes publicidade.

## II – ANÁLISE JURISPRUDENCIAL

5. A análise subsequente incidirá sobre as decisões mais significativas dos Tribunais Superiores emitidas no ano de 2007.

Importará reconduzir essas decisões a aspectos diversos do instituto da arbitragem voluntária.

### A) Convenção de Arbitragem, Questão da Arbitrabilidade dos Litígios e Excepção de Preterição de Tribunal Arbitral Voluntário

6. O Acórdão do Supremo Tribunal de Justiça de 5 de Março de 2007 (relator – Cons. PIRES DA ROSA)[3], apreciou um recurso de revista interposto de uma decisão da Relação de Lisboa que confirmara o saneador-sentença que, por seu turno, julgara improcedente uma acção de anulação de sentença arbitral.

A convenção de arbitragem constava de um contrato celebrado entre uma sociedade anónima proprietária de uma estação de televisão e uma outra sociedade por quotas, intitulado "Contrato de Prestação de Serviços de Apresentação de Programas de Televisão", mediante o qual a primeira "garantia a apresentação de um seu programa de televisão pela sócia-gerente da BB, Lda. [segunda outorgante], precisamente BB, por um determinado período de tempo, contrato que expressamente foi celebrado «intuitus personae» – *só é celebrado tendo em consideração de que a APRESENTADORA* [a mencionada BB] *é actual sócia-gerente*

---

[3] In www.dgsi.pt/jstj, Proc. 06B3359.

*da RS* [a ré sociedade] *e não seria celebrado se os serviços contratados fossem prestados por qualquer outra pessoa".*

Neste contrato – em que havia sido estipulado que, em todos os casos omissos, se aplicariam *"as disposições legais relativas ao contrato de prestação de serviço, constantes dos arts. 1154.º e seguintes do C. Civil"* (Cláusula 12.ª) – a convenção de arbitragem, na modalidade de cláusula compromissória, aparecia assim redigida: *"Quaisquer litígios emergentes do presente contrato serão resolvidos nos termos da Lei n.º 31/86, de 29 de Agosto, **por um único árbitro**, que, na falta de acordo, será designado pelo presidente do Centro de Arbitragem do Conselho Nacional das Profissões Liberais, **renunciando ambas as partes a outro foro** bem como ao depósito da decisão arbitral em secretaria judicial"* (Cláusula 11.ª, n.º 1)

Na interpretação desta cláusula de arbitragem <u>ad hoc</u>, o Supremo Tribunal de Justiça não teve dúvidas de que as partes tinham excluído, através dessa renúncia, os recursos da sentença arbitral. Pode ler-se no referido acórdão: "No exercício, legitimo, da sua autonomia de vontade contratual autora e ré *acreditaram* na jurisdição arbitral e optaram por ela para resolver eventuais litígios futuros. E mais: entenderam, legitimamente também, expressar a sua renúncia a outro foro. O art. 29.º, n.º 1 da Lei n.º 31/86, de 29 de Agosto […] assim lho permite".

Relativamente à questão suscitada pela estação televisiva autora e recorrente de que a convenção de arbitragem seria nula por não ser arbitrável o litígio, na medida em que diria respeito a direitos indisponíveis da apresentadora, sócia gerente da ré recorrida, uma vez que a sociedade pedira, no processo arbitral, uma indemnização por violação do direito "à imagem da apresentadora e à sua reputação no mercado", o Supremo Tribunal de Justiça entendeu que tal fundamento de impugnação era improcedente porque o pedido de indemnização formulado nada tinha de indisponível. Reconhecendo que "o direito à imagem, ao bom nome e à reputação são direitos de personalidade", o Supremo Tribunal de Justiça sustentou que, na verdade, "já não é indisponível o direito de acção tendente à indemnização por responsabilidade civil com fundamento na violação de qualquer um desses direitos e muito menos é indisponível a quantificação de eventual indemnização por danos causados por eventual violação".

Parece-nos inteiramente correcto o entendimento perfilhado no Acórdão e agora transcrito.

## Legislação, jurisprudência e documentação

No mesmo acórdão, este Alto Tribunal entendeu que não procedia igualmente a tese da recorrente de que o litígio dizia respeito a direitos indisponíveis porque o tribunal arbitral qualificara a relação contratual da autora e ré como proveniente de um contrato de trabalho. Na tese da sociedade recorrente, os litígios laborais são inarbitráveis por estarem sujeitos a uma decisão jurisdicional dos tribunais de trabalho (arts. 435.º e 436.º do Código do Trabalho). O Supremo Tribunal de Justiça entendeu que a lei apenas proíbe que seja objecto de arbitragem a questão de "ilicitude do despedimento" (art. 435.º, n.º 1, desse diploma). Ora, segundo o aresto em apreciação, não era "transparentemente" o caso neste litígio arbitral, visto que o contrato fonte das obrigações discutidas no processo arbitral vinculava duas sociedades e não a trabalhadora apresentadora e a proprietária da estação televisiva (note-se que, anteriormente, o Supremo discutira se não poderia estar-se perante uma situação de desconsideração de personalidade colectiva da sociedade outorgante, dada a "identificação completa da sociedade com a sua sócia"). Acabou por se concluir no aresto que, "ao abordar a questão da natureza jurídica do contrato – que aliás não afirmou como sendo um contrato de trabalho mas apenas como «tendo a natureza de contrato de trabalho ou equiparado» – a sentença arbitral não fez mais do que fazer o que lhe competia, ou seja, subsumir os factos ao direito". Por isso, não procederia como fundamento de anulação o invocado excesso de pronúncia de sentença arbitral.

7. No Acórdão da Relação do Porto de 23 de Outubro de 2007 (relatora Desemb.ª MARIA DAS DORES EIRÓ)[4], interpretou-se uma convenção de arbitragem, na modalidade de cláusula compromissória, com o seguinte teor: "1. No caso de litígio ou disputa quanto à existência, validade, eficácia, interpretação, aplicação ou integração do presente contrato, os contraentes diligenciarão, por todos os meios de diálogo e modos de composição de interesses, obter uma solução concertada de interesses. 2. Quando não for possível uma solução amigável e negociada, nos termos previstos no número anterior, qualquer um dos contraentes poderá, a todo o momento, recorrer a arbitragem" (art. 1.º do

---

[4] In www.dgsi.pt/jtrp, Proc. 0623032.

# Revista Internacional de Arbitragem e Conciliação

contrato de compra e venda do capital social de certa sociedade e de cessão de suprimentos do promitente-vendedor sobre a sociedade).

A Relação entendeu que a questão de indemnização por incumprimento do contrato ajuizado cabia no objecto da convenção da arbitragem. Tal solução parece-nos indiscutível.

Este Acórdão foi proferido no recurso interposto da decisão do juízo de execução do Porto que se considerara incompetente para a liquidação de condenação em quantia ilíquida proferida pelo tribunal arbitral, por entender que tal questão devia ser submetida ao tribunal arbitral, renovando-se a instância arbitral. Deve notar-se que a ré reconvinte, que obtivera ganho da causa no tribunal arbitral, começara por requerer numa vara cível do Porto a liquidação através do incidente "prévio" regulado nos arts. 378.º a 380.º-A do CPC. A vara cível considerara-se incompetente para tal incidente, remetendo o processo para o juízo de execução, o qual, por seu turno, também se havia considerado incompetente para o pedido, indeferindo liminarmente o requerimento de execução e o pedido de liquidação formulado nos termos do art. 805.º do CPC.

A Relação do Porto entendeu que a liquidação do *quantum* da indemnização devia ter-se por abrangida no objecto da convenção de arbitragem, nos termos acima referidos, não sendo aplicável no caso o art. 805.º do CPC, ao contrário do entendimento adoptado pela vara cível do Porto, quando lhe fora requerido o incidente previsto nos arts. 378.º a 380.º-A do CPC. A decisão da vara cível, porém, tinha transitado em julgado.

Acabou, todavia, a Relação do Porto por revogar, com louvável bom sendo, a decisão do juízo de execução, por ter considerado que a preterição de tribunal arbitral voluntário era uma excepção dilatória de conhecimento não oficioso. Transcreve-se a sua fundamentação:

> *"Nos Juízos de execução considerou-se que o processo deveria correr no próprio processo arbitral sendo a competência do tribunal arbitral.*
>
> *Foi desta decisão que foi interposto recurso, não havendo, por isso conflito nos termos do que dispõe o art. 115.º do CPC.*
>
> *Já vimos que com a prolação da decisão ficam esgotados os poderes jurisdicionais dos árbitros, apenas para aquele concreto litígio.*

# 163

*Legislação, jurisprudência e documentação*

*Já vimos que o incidente de liquidação tem carácter declarativo e está abrangido pela convenção de arbitragem e, portanto, da competência do tribunal arbitral.*

*Sendo um litígio diferente do inicial, a cláusula compromissória não ficou sem efeito pelo decurso do prazo, prazo que respeita apenas ao litígio efectivamente dirimido, e cujo tribunal se extinguiu desagregando-se.*

*Já vimos também que a excepção de preterição de tribunal arbitral como sanção pela inobservância da competência arbitral não pode ser conhecida oficiosamente. Não podia pois o tribunal comum, neste caso de execução, declarar-se incompetente como o fez, atribuindo competência ao tribunal arbitral e indeferindo liminarmente o requerimento inicial.*

*Acresce que, e de acordo com o princípio consagrado no art. 21.º n.º 1 LAV, o tribunal arbitral tem competência (e só ele a tem, até à prolação da decisão sobre o fundo da causa, por força do art. 21.º n.º 4 da LAV) para decidir se é ou não competente – é a designada competência da competência.*

*Aqui chegados qual a solução que se impõe?*

*É pelas conclusões do recurso que se limita o seu âmbito de cognição, nos termos dos arts. 690.º e 684.º n.º 2 do CPC, salvo questões de conhecimento oficioso (art. 660.º n.º 2).*

*Existe decisão transitada em julgado das varas cíveis a declararem-se incompetentes e a considerar a competência dos juízos de execução para a liquidação.*

*É da decisão do tribunal de execução que versa este recurso.*

*Assim, não podendo o tribunal de execução conhecer da competência do tribunal arbitral, por não ter sido arguida a excepção de preterição deste tribunal, devem proceder as alegações".*[5]

---

[5] O tribunal, face à procedência do recurso, ordenou ao juízo de execução que o processo de liquidação devesse seguir o disposto nos arts. 805.º e 810.º, n.º 2, do CPC "devendo ser praticados todos os actos para que o processo se aproxime quanto possível da forma estabelecida por lei, de acordo com o que dispõe o art. 199.º do CPC". Sobre as dificuldades que suscita a liquidação das decisões arbitrais após a Reforma de 2003 da Acção Executiva, remete-se para J. Lebre de Freitas, "Competência do Tribunal de Execução para a Liquidação de Obrigação no Caso de Sentença Genérica Arbitral" in *Revista da Ordem dos Advogados*, ano 66.º (2006), I, págs. 119-130 (o autor sustenta, diferentemente do Acórdão em análise, que cabe tal liquidação ao tribunal judicial, no

Revista Internacional de Arbitragem e Conciliação

8. No Acórdão da Relação do Porto de 17 de Abril de 2007 (relator – Desemb. MÁRIO CRUZ)[6], apreciou-se a excepção de preterição de tribunal arbitral julgada procedente em 1.ª instância num processo de jurisdição voluntária, processo de inquérito judicial a sociedade, requerido por um accionista contra uma sociedade anónima, nos termos dos arts. 1479.º e seguintes do CPC.

Nesse processo a sociedade requerida e os titulares dos órgãos sociais invocaram que o art. 32.º do contrato de sociedade continha uma cláusula compromissória do seguinte teor: *"Qualquer litígio que venha a ocorrer entre os accionistas e a sociedade, ou entre os accionistas, será sujeito a um tribunal arbitral, a constituir nos termos da Lei n.º 31/86, de 29 de Agosto"* e deduziram a excepção de preterição referida.

Ao apreciar o recurso, a Relação do Porto interrogou-se sobre se seria arbitrável o pedido de inquérito judicial a sociedade, tendo por indiscutível a admissibilidade, em termos gerais, da cláusula compromissória constante do referido art. 32.º do contrato social[7], nomeadamente quando preveja que "a solução de litígios de natureza contenciosa em sentido estrito, como de qualquer outra ordem ou natureza, entre os sócios ou entre estes e a própria sociedade deva ser encontrada através de tribunal arbitral, desde que tais convenções não colidam com as proibições que a própria lei estabelece ou que dela resultam"[8].

---

caso de condenação genérica, quando o prazo para a decisão tenha decorrido e as partes não hajam celebrado novo compromisso arbitral).

[6] In www.dgsi.pt/jtrp, Proc. 0721539.

[7] Sobre este tipo de convenções de arbitragem e os problemas de arbitrabilidade de certos litígios societários remete-se para as considerações de Raúl Ventura, "Convenção de Arbitragem", in *Revista da Ordem dos Advogados*, ano 46.º (1986), II, págs. 340-345 e também para Luís de Lima Pinheiro, *ob cit*, págs. 107-108, autor que refere a solução adoptada pelo art. 34.º do Decreto-Lei n.º 14/1/2003 em Itália com a restrição a litígios sobre direitos disponíveis. Deve ter-se em conta que, na reforma do Código de Processo Civil italiano realizada em 2006, em matéria de arbitragem, se abandonou o critério da transigibilidde para definir os limites de arbitrabilidade, adoptando-se o dos direitos disponíveis (art. 806.º). Sobre esta matéria remete-se para António Sampaio Caramelo, "A Disponibilidade do Direito como Critério da Arbitrabilidade do Litígio", in *Revista da Ordem dos Advogados*, ano 66.º (2006), III, ps. 1251-1254.

[8] O Acórdão cita o Acórdão do Supremo Tribunal de Justiça de 4 de Abril de 2005 (relator – Cons. Azevedo Ramos) sobre os limites da arbitrabilidade do litígio.

A resposta foi a de que, em tese geral, o pedido de inquérito judicial a uma sociedade anónima, com pedido de realização de uma perícia para investigar determinados negócios da sociedade anónima e assim poder fornecer os respectivos resultados, formulado por um sócio com mais de 10% de capital social mas que não participa em cargos sociais, pode ser submetido a um tribunal arbitral. Esta afirmação parece-nos muito discutível, dado que, neste processo de inquérito social, o juiz nomeia um perito ou investigador dotado de poderes de autoridade delegada (inspecção de bens, livros e documentos da sociedade, ainda que estejam na posse de terceiros; recolha, por escrito, de informações prestadas por titulares de órgãos da sociedade, empregados ou colaboradores ou outras entidades ou pessoas; solicitação ao juiz para que, em tribunal, prestem depoimentos as pessoas que se recusarem a fornecer os elementos pedidos), parecendo-nos que o objecto do processo extravasa os limites da disponibilidade dos direitos privados[9].

Em seguida, a Relação do Porto inicia "um segundo passo" destinado a saber se pode um tribunal arbitral ser julgado competente para analisar, instruir e julgar um processo deste tipo, considerando que a LAV, "embora não excluindo a possibilidade abstracta de poder estar incluída no pacto social de uma sociedade uma cláusula compromissória de arbitragem, atribuindo aos tribunais arbitrais a competência para a resolução de quaisquer litígios (mesmo de natureza não estritamente contenciosa), limitou no entanto a sua aplicabilidade concreta aos casos que se mostrem incompatíveis com o direito constituído, a menos que, no pacto social ou em qualquer documento subscrito pelas partes, haja menção expressa à aceitação do julgamento segundo a equidade."

De um modo incisivo, afirma a Relação do Porto:

> *"Isto leva-nos a um plano ou patamar mais elevado do que aquele que resulta do estrito plano de legalidade, pelo que a eventual submissão a tribunais arbitrais de decisões enquadráveis nos processos de jurisdição voluntária – nos quais o inquérito judicial se encontra –, quando a estes*

---

[9] Sobre o processo de inquérito judicial veja-se João Labareda, "Noticia sobre os processos destinados ao exercício dos direitos sociais", in *Direito e Justiça*, ano XIII (1999), I, págs. 65 e segs., em que analisa os casos em que cabe inquérito judicial à sociedade.

*Revista Internacional de Arbitragem e Conciliação*

*não esteja à partida reconhecido o direito de julgar segundo a equidade –, representaria uma contradição no próprio plano conceptual deste tipo de processos, na medida em que rejeitaria a equidade onde ela é suposto existir, sendo até de salientar que constitui o valor supremo para a decisão justa, impondo-se e sobrepondo-se aos critérios de legalidade estrita.*

*Assim, não estando previsto na cláusula compromissória enunciada que o julgamento em tribunal arbitral pudesse ocorrer com recurso à equidade, nem estando alegado, por outro lado, que tivessem as partes acordado nessa possibilidade em momento posterior por documento escrito, fica excluída a possibilidade de o tribunal arbitral voluntário poder intervir nas situações em que o Tribunal comum pode julgar dentro desse parâmetros, i. é, lançando mão dos amplos instrumentos e medidas que são exclusivas dos processos de jurisdição voluntária.*

*Entre estes conta-se, designadamente, o "inquérito judicial à sociedade" – art. 1479.º e ss.*

*Pelo que, não estando provadas, no caso em presença, todas as condições em que a lei admitiria a transferência de jurisdição dos tribunais comuns para os tribunais arbitrais, terá o presente processo de inquérito judicial de continuar submetido à jurisdição do tribunal comum, de onde em nossa opinião, e salvo o devido respeito, o processo não deveria ter saído.(…)*

*O agravo merece por isso a obtenção de provimento."*

9. A nosso ver, a decisão da Relação acabada de analisar conduziu a um resultado prático aceitável, embora nos pareça que a fundamentação correcta deveria ter sido a de que o inquérito judicial não tem como pressuposto o exercício de direitos disponíveis do sócio e da sociedade, não podendo ser sujeito a arbitragem. Reconhecemos, porém, que também esta posição pode ser controvertida.

10. O Acórdão da Relação de Lisboa de 5 de Junho de 2007 (relator – Desemb. RUI VOUGA)[10] versou sobre a questão da arbitrabilidade de um litígio respeitante à resolução de um contrato de arrendamento urbano comercial. No despacho saneador proferido numa acção de des-

---

[10] Publicado na *Colectânea de Jurisprudência*, ano XXXII (2007), III, pág. 99.

pejo, o tribunal cível considerara improcedente a excepção de preterição do tribunal arbitral suscitada pelo réu.

Por um lado, entendera que a resolução do contrato de arrendamento urbano era matéria fora do domínio dos direitos disponíveis. Por outro lado, e a título subsidiário, considerara que a cláusula compromissória constante do contrato de arrendamento se referia apenas "à interpretação e aplicação do contrato em causa, não se vendo, de qualquer forma, que tal previsão abranja a resolução do contrato por se não tratar de questão de interpretação e aplicação das suas cláusulas."

Interposto recurso de apelação da decisão referida, o Tribunal da Relação começou por entender, de forma correcta, que a cláusula compromissória relevante era a que constava do contrato de arrendamento comercial celebrado entre os senhorios e o primitivo arrendatário e não uma cláusula compromissória constante de um contrato de trespasse celebrado entre este último e uma outra sociedade, uma vez que, por força do trespasse, o trespassário sucedera por lei na posição contratual do primitivo arrendatário. A Relação de Lisboa afirmou que a ré apelante não poderia "invocar, perante os senhorios, uma convenção de arbitragem inserta no contrato de trespasse que celebrou com a sociedade trespassante. Tal convenção respeita unicamente aos eventuais litígios emergentes do referido contrato de trespasse."

Em seguida, o Tribunal da Relação de Lisboa discutiu a questão de saber se, deduzida a excepção de preterição de tribunal arbitral voluntário (art. 495.º do CPC)[11], o tribunal judicial devia apreciar com detalhe a questão da validade e eficácia da convenção de arbitragem ou se, pelo contrário, devia satisfazer-se com um análise perfunctória, de forma a verificar se tal convenção era manifestamente nula. Perfilhou o segundo entendimento, na linha do sustentado por LUÍS DE LIMA PINHEIRO e JOÃO LUÍS LOPES DOS REIS, por entender que aos árbitros foi conferida pela LAV a competência da sua própria competência, de onde decorreria

---

[11] Note-se que o art. 494.º, alínea i), do CPC, considera, entre outras excepções dilatórias, "a preterição do tribunal arbitral necessário ou a violação da convenção de arbitragem". No aresto em análise acolhe-se o entendimento de João L. Lopes dos Reis sobre a génese da consagração de duas noções diversas, embora sinónimas, no CPC, na Reforma de 1995-1996.

a consequência de que tal competência lhe cabe a eles, antes de poder ser deferida a um tribunal judicial. Concluiu, assim, que:

> "*Consequentemente, enquanto, à luz do regime do CPC de 1939, o julgamento da excepção dilatória da preterição do tribunal arbitral voluntário dependia da apreciação da validade, da eficácia e da aplicabilidade da convenção de arbitragem (...), pelo que a decisão que julgasse tal excepção procedente vinculava o árbitro, diversamente, no domínio da LAV, o juízo sobre a questão de saber se a convenção de arbitragem é inoperante, quer por ser inválida, quer por ser ou se tornar ineficaz, compete, antes de mais ao árbitro. «Só depois de ele se pronunciar – ou pela sua incompetência, ou sobre o mérito – é que o tribunal público, o <u>juiz</u> <u>natural</u>, pode conhecer da questão de competência do árbitro; e, mesmo então, só o pode fazer em sede de impugnação da decisão arbitral» (...) «Esta doutrina resulta com clareza cristalina do já referido artigo 21.º, n.º 4, da LAV»*".[12]

Uma vez adoptado este entendimento, o Tribunal da Relação de Lisboa considerou que o recurso da sociedade inquilina procedia necessariamente, na medida em que estava muito longe de ser manifesta ou evidente a nulidade da convenção de arbitragem. Seguindo o entendimento de LUÍS DE LIMA PINHEIRO e de PINTO FURTADO[13], o aresto considera que os litígios relativos ao arrendamento urbano vinculístico "são, em princípio, arbitráveis". E concluiu:

> "*O que tudo nos conduz, convictamente, à firme rejeição da tese segundo a qual, embora os litígios relativos ao arrendamento urbano*

---

[12] As duas citações feitas no passo transcrito provêm do estudo de João L. Lopes dos Reis, "A Excepção da Preterição do Tribunal Arbitral (Voluntário)", in *Revista da Ordem dos Advogados*, ano 58.º (1998), III, págs. 1115 e segs.; sobre esta problemática, vejam-se as posições antagónicas de Miguel Teixeira de Sousa (*A Competência Declarativa nos Tribunais Comuns*, Lisboa, Lex, 1994, págs. 134 e segs; *Estudos sobre o Novo Processo Civil*, 2.ª ed., Lisboa, Lex, 1997, págs. 134 e 135) e de Luís de Lima Pinheiro (*Arbitragem Transnacional* cit, págs. 135-136), autor que aceita como mais ajustada à lei portuguesa a solução preconizada por João L. Lopes dos Reis.

[13] *Manual do Arrendamento Urbano*, 3.ª ed., Coimbra, Almedina, 2001, pág. 1051.

*sejam, em princípio, arbitráveis, isto é, susceptíveis de ser decididos por meio de arbitragem voluntária, o recurso à arbitragem estaria automaticamente excluído quando a causa de pedir seja <u>a resolução</u> ou a <u>denúncia</u> do contrato de arrendamento. Assim sendo, a cláusula compromissória contida no contrato de arrendamento celebrado entre os aqui Autores/ Apelados (como senhorios) e sociedade "V" (como arrendatário) não padece duma evidente e manifesta nulidade.*

*E, se assim é, uma vez provada a existência da aludida cláusula compromissória, o tribunal judicial não pode senão julgar procedente a excepção dilatória de preterição do tribunal arbitral."*[14]

11. Na linha da decisão acabada de analisar no que toca à excepção de preterição de tribunal arbitral, no Acórdão da Relação de Lisboa de 15 de Maio de 2007 (relator – Desemb. CARLOS MOREIRA)[15] sustentou--se que deve ser pela análise do modo como o autor delineia a acção, e não em função da sorte ou resultado final da mesma, que deve aferir-se da incompetência do tribunal judicial, por virtude de as partes terem, ou não, acordado na submissão da questão a tribunal arbitral.

No processo em que foi tirado este Acórdão discutia-se se a convenção de arbitragem constante de um documento contratual não assinado pelas partes era ou não válida, tendo sido junta troca de correspondência entre os contraentes que apontava para a eficácia do contrato.

No Acórdão considerou-se que, "perante a evidência da literalidade de tais segmentos do (pela autora) alegado contrato de empreitada, é óbvio dever concluir-se terem, in casu, as partes anuído e consensualizado – por escrito – o recurso ao tribunal arbitral, com expressa exclusão de qualquer outro". Citando JOÃO LUÍS LOPES DOS REIS, com referência

---

[14] Tem havido vozes na doutrina que sustentam que, no domínio dos arrendamentos vinculísticos, os litígios são inarbitráveis. No Acórdão indicam-se como partilhando este ponto de vista Manuel Januário Costa Gomes, Miguel Teixeira de Sousa e António Marques dos Santos, autores que têm sobretudo em vista a acção de despejo. Ver ainda António Sampaio Caramelo, "A Disponibilidade do Direito..." cit, *Revista* cit, págs. 1262-1263. A verdade é que são considerados lícitos os negócios processuais atinentes a tais acções, nomeadamente a transacção, o que aponta para o carácter arbitrável destes litígios.

[15] In www.dgsi.pt/jtrl, Proc. 1473/2007-1.

Revista Internacional de Arbitragem e Conciliação

ao estudo sobre a Excepção Dilatória de Preterição de Tribunal Arbitral (Voluntário), considerou-se, nesse momento processual, "irrelevante – porque tal atém-se com o mérito da causa e não com um pressuposto processual formal – que, a seu tempo, se venha a provar e concluir pela inexistência, nulidade, invalidade ou ineficácia do invocado contrato [de empreitada]."

Daí a procedência do recurso e absolvição da ré da instância no processo proposto no tribunal judicial.

12. O Acórdão da Relação de Lisboa de 15 de Novembro de 2007 (relator – Desemb. SILVA SANTOS)[16] adoptou um entendimento aparentemente divergente em relação aos dois anteriormente citados.

Tratava-se de uma acção proposta em tribunal judicial em que o autor pedia a anulação de um contrato de compra e venda de acções de uma sociedade anónima celebrado entre ele e a ré, com base na verificação de um vício de vontade (erro sobre os motivos). Na contestação, o réu deduzira a excepção de preterição de tribunal arbitral, por existir no contrato invocado pelo autor uma cláusula que atribuía a competência para o julgamento de "todos os eventuais litígios emergentes de interpretação, aplicação e execução do presente contrato" a um tribunal arbitral ad hoc. O tribunal de primeira instância julgara procedente a excepção deduzida e absolvera a ré da instância.

A Relação revogou esse despacho saneador, por entender que o litígio em causa não era abrangido pela cláusula arbitral, por não estar em causa o cumprimento ou incumprimento do contrato na fase de execução mas a validade do mesmo.

O art. 2.º, n.º 3, da LAV estatui que "o compromisso arbitral deve determinar com precisão o objecto do litígio; a cláusula compromissória deve especificar a relação jurídica a que os litígios respeitem".

Tratando-se de cláusula compromissória, é duvidoso que, por interpretação dela, ficassem excluídos os litígios respeitantes à validade do contrato onde aquela cláusula foi inserida. Em qualquer caso, afigura-se que tal questão deveria ser apreciada pelo próprio tribunal arbitral que

---

[16] In www.dgsi.pt/jtrl, Proc. 7579/2007-8.

Legislação, jurisprudência e documentação

viesse a constituir-se, se tivesse sido confirmada pelo Acórdão em análise a decisão de 1.ª instância.

Crê-se, por isso, que outra deveria ter sido a decisão da Relação de Lisboa[17].

## B) A Questão da Fundamentação das Sentenças Arbitrais

13. O Acórdão do Supremo Tribunal de Justiça de 15 de Maio de 2007 (relator Cons. FARIA ANTUNES) [18] apreciou um recurso de revista interposto em acção de anulação de sentença arbitral, tendo-se debruçado sobre os requisitos de fundamentação dessa sentença.

A decisão arbitral impugnada fora proferida por tribunal arbitral constituído de acordo com o Regulamento do Centro de Arbitragem Comercial da Associação Comercial de Lisboa – Câmara de Comércio e Indústria Portuguesa. Tratava-se, pois, de uma arbitragem institucionalizada, valendo a pena referir que, no referido Regulamento, não existe qualquer norma que determine a aplicação subsidiária do Código de Processo Civil às arbitragens aí organizadas. Convém também recordar que, nos termos do art. 15.º, n.º 2, da LAV, o acordo das partes sobre as regras de processo na arbitragem "pode resultar da escolha de um regulamento da arbitragem emanado de uma das entidades a que se reporta o artigo 38.º ou ainda da escolha de uma dessas entidades para a organização da arbitragem."

A acção de anulação fora proposta por uma das partes do processo arbitral com o fundamento de que a sentença arbitral, na parte em que determinava a matéria de facto, não se encontrava devida e suficiente-

---

[17] O Acórdão da Relação de Lisboa de 27 de Setembro de 2007 (relator – Desemb. Ezaguy Martins) considerou procedente a excepção de preterição de tribunal arbitral, por ter entendido que, cabendo ao réu a prova de existência da convenção de arbitragem, cabe ao autor o ónus de prova da impossibilidade / não obtenção de acordo quanto aos termos em que a arbitragem deve decorrer, legitimadora do recurso à via judicial (ónus de prova da excepção à excepção de preterição de tribunal arbitral). Nessa medida revogou a decisão de mérito da primeira instância e absolveu a ré da instância (in www.dgsi.pt/jtrl, Proc. 6315/2007-2).

[18] In www.dgsi.pt/jstj, Proc. N.º 07A924.

## Revista Internacional de Arbitragem e Conciliação

mente fundamentada, limitando-se a uma enumeração dos concretos meios de prova, sem que tivesse sido feito o competente exame crítico dos mesmos.

A acção de anulação foi julgada improcedente no saneador-sentença, decisão que foi confirmada em segunda instância.

O Supremo Tribunal de Justiça confirmou as decisões das instâncias, aplicando o n.º 3 do art. 23.º da LAV, interpretado à luz do art. 668.º, n.º 1, alínea b), do CPC, embora se abstivesse de explicitar a razão por que recorria a esta norma da lei processual civil. Pode ler-se na fundamentação deste aresto:

> *"Como deflui do art. 668.º, n.º 1, b) da lei adjectiva, o que se exige para a validade da decisão é a fundamentação de facto (e de direito), não a motivação da decisão de facto, e essa exigência mostra-se satisfeita no ajuizado acórdão arbitral.*
>
> *Onde o Código de Processo Civil fala na obrigação de fundamentação da decisão de facto é nos arts. 653.º, n.º 2 e 659.º, n.º 3.*
>
> *A decisão sobre a matéria de facto deve declarar os factos que o tribunal julga provados e quais os que julga não provados, analisando criticamente as provas e especificando os fundamentos que foram decisivos para a convicção do julgador [art. 653.º, n.º 2], e, ao elaborar a sentença, o juiz deve fundamentá-la, tomando em consideração os factos já dados como provados na decisão de facto e ainda os admitidos por acordo e os provados por documento ou por confissão reduzida a escrito, fazendo o exame crítico das novas provas de que então lhe cumpra conhecer (art. 659.º, n.º 3).*
>
> *Porém, quando houver falta de fundamentação de facto (resposta aos quesitos) as partes podem reclamar (art. 653.º, n.º 4, 2.ª parte), e o tribunal reúne de novo para se pronunciar sobre essa reclamação, e se a decisão proferida não estiver devidamente fundamentada, pode a Relação, a requerimento da parte, determinar que o tribunal de 1.ª instância a fundamente (n.º 5 do art. 712.º do CPC)."*

Confrontado, porém, com as dificuldades provenientes de o Regulamento do Centro de Arbitragem Comercial não prever na tramitação do processo arbitral uma resposta aos pontos da Base Instrutória, inviabilizando a solução da reclamação para o próprio Tribunal Arbitral, e de, por outro lado, não haver recurso ordinário por renúncia das partes, o Supremo Tribunal de Justiça, sempre tendo em vista a aplicação da lei processual civil que tem por indiscutível, considerou que seria desejável que o tribunal arbitral tivesse feito "uma menção embora sintética, do conteúdo e sentido dos pertinentes depoimentos gravados". Acaba, porém, de forma inteiramente correcta, por concluir que tais deficiências não acarretam a invalidade da sentença arbitral, afirmando:

> *"Haja em vista que se a acção não é relativa ao mérito da decisão arbitral e o recurso não é admissível quanto ao fundo desta, é única e exclusivamente porque o recorrente (como a recorrida) ex vi art. 31.º do Regulamento de Arbitragem aceitou que a decisão do tribunal arbitral seja a final, envolvendo a submissão do litígio ao Centro de Arbitragem Comercial a renúncia aos recursos (sem prejuízo embora do direito de requerer a anulação da decisão arbitral, nos termos dos artigos 27.º e 28 da Lei n.º 31/86).*
>
> *E, the last but not the least, sempre se dirá, por um lado, que a lei não estabelece qualquer sanção para a falta de fundamentação da decisão da matéria de facto [...] e, por outro lado, que a motivação da decisão de facto, nos termos do art. 653.º, n.º 2 do CPC, é feita em momento anterior à elaboração da sentença, pelo que a falta de tal motivação não poderá logicamente consubstanciar nulidade da matéria de facto que normalmente se reduzirá à descrição dos factos já constantes da especificação e das respostas aos quesitos."*[19]

Está ausente da fundamentação deste aresto qualquer interrogação sobre se as formalidades exigidas pelo art. 653.º do Código de Processo Civil, provenientes da Reforma de 1995-1996 do CPC[20], deveriam ser aplicáveis em processo arbitral, não se atentando sequer na possibilidade de o árbitro único ou qualquer dos árbitros ou mesmo todos não serem juristas de profissão. Seja como for, o Acórdão acaba por demonstrar uma atitude amigável para com o recurso à arbitragem voluntária, dife-

---

[19] O Acórdão chega a afirmar que, ao renunciar aos recursos, as partes pretenderam uma decisão *ex aequo et bono*, afirmação claramente incorrecta no caso concreto.

[20] Sobre as razões da alteração do artigo nessa Reforma remete-se para Lebre de Freitas / Montalvão Machado / Rui Pinto, *Código de Processo Civil Anotado*, 2.º vol., Coimbra, Coimbra Editora, 2001, págs. 617 e segs..

Revista Internacional de Arbitragem e Conciliação

rentemente do que sucedera com o Acórdão da Relação do Porto de 11 de Novembro de 2003 (relator – Desemb. MÁRIO CRUZ)[21] que, criticavelmente, anulara uma decisão arbitral onde também não se fizera o exame crítico das provas, invocando a jurisprudência constitucional e o entendimento "doutrinário e jurisprudencial unânime, tanto quanto sabemos, que a fundamentação das decisões em matéria de facto se não basta com simples enumeração dos meios de prova utilizados, exigindo a explicação do processo de formação da convicção do tribunal."

14. No Acórdão da Relação de Lisboa de 6 de Março de 2007 (relator – Desemb. PIMENTEL MARCOS)[22], a Relação apreciou um recurso de apelação de uma decisão que julgara improcedente uma acção de anulação de uma sentença arbitral proferida em arbitragem ad hoc.

Considerou que as questões a decidir no recurso de apelação eram fundamentalmente duas: a de saber se a sentença de 1.ª instância era nula e se se verificavam os fundamentos para anulação da decisão arbitral. A Relação optou por abordar primeiro os diversos fundamentos de anulação da decisão arbitral invocados pela A., entre os quais se achava o da falta de fundamentação da própria decisão arbitral[23]. Sobre este fundamento escreveu-se neste Acórdão:

*"Antes de mais há que distinguir entre a falta de fundamentação e a sua deficiência.*

*Como é geralmente aceite, apenas a falta de fundamentação gera a nulidade da decisão.*

*Para que a sentença seja nula por falta de fundamentação não basta que esta seja deficiente ou incompleta, só a falta absoluta gera a nulidade. Mas o juiz não tem que analisar todas as razões jurídicas suscitadas pelas partes. Compete-lhe, porém, resolver todas as questões.*

---

[21] In www.dgsi.pt/trp, Proc. 36535.

[22] Publicado in *Colectânea de Jurisprudência*, ano XXXII, 2007, I, pág. 70.

[23] Os outros fundamentos anulatórios invocados pela autora apelante foram o de violação do princípio do contraditório com influência decisiva na resolução do litígio e os de o tribunal ter conhecido de questões de que não podia conhecer (excesso de pronúncia) e se ter abstido de pronunciar-se sobre questões que devia apreciar (omissão de pronúncia). Esses fundamentos foram julgados improcedentes.

## 175
*Legislação, jurisprudência e documentação*

> *Ora, perante o que foi referido anteriormente [...], parece-nos fora de dúvida que a decisão arbitral se encontra fundamentada.*
> *Mas há que distinguir entre falta ou deficiência de fundamentação e o erro de julgamento.*
> *Porém, como já foi dito, sobre esta questão não pode este tribunal pronunciar-se."*

O tribunal da Relação considerou que só se as partes não tivessem renunciado ao recurso – e tinha havido, de facto, renúncia – é que seria possível apreciar o mérito da decisão arbitral, que foi qualificada de pouco clara. Entendeu-se, porém, que havia fundamentação suficiente, razão por que não veio a ser decretada a anulação da sentença arbitral, usando a Relação dos poderes do art. 715.º do CPC, pois decretou a nulidade da decisão de primeira instância objecto de recurso por omissão de pronúncia.

Transparece da fundamentação deste Acórdão a discordância com a decisão de mérito do Tribunal Arbitral, embora a Relação de Lisboa tenha, de forma escrupulosa, decidido que não tinha poderes para conhecer do mesmo mérito.

## C) Arbitragem Internacional

Relativamente à Arbitragem Internacional, a jurisprudência dos Tribunais Superiores é escassa, o que bem se compreende, atenta a própria natureza da arbitragem internacional e também a regra do art. 34º da LAV, onde se estipula que a decisão do tribunal arbitral é irrecorrível, salvo se as partes tiverem acordado a possibilidade de recurso e regulado os seus termos.

Nessa medida, a jurisprudência existente versa, por um lado, sobre o reconhecimento e execução de sentenças arbitrais estrangeiras, e por outro sobre casos de invalidade ou preterição da cláusula arbitral.

15. No Acórdão da Relação de Lisboa de 27 de Setembro de 2007 (relator – Desemb. JORGE LEAL)[24], a Relação apreciou um recurso de

---

[24] In www.dgsi.pt/jstj, Proc. N.º 5177/2007-2.

apelação de uma decisão que julgara procedente o pedido de exequatur, requerido por uma sociedade italiana, ao abrigo do artigo 39° do Regulamento CE n.° 44/2001, do Conselho, de 22 de Dezembro de 2000 ("Regulamento Bruxelas I") relativo a uma sentença do Tribunal de Recurso das Marcas em Itália que confirmou sentença arbitral proferida anteriormente contra uma sociedade portuguesa.

A Relação de Lisboa considerou que as questões a decidir no recurso de apelação eram as seguintes: se a apelada não tinha personalidade ou capacidade judiciária; se o advogado da apelada não tinha mandato ou este enfermava de irregularidade; se a executoriedade pretendida nestes autos não era possível em virtude de recurso interposto pela apelante no Estado Membro de origem e do pedido de suspensão de executoriedade relativos ao acórdão do Tribunal da Relação de Ancona e finalmente se o exequatur concedido pela decisão recorrida podia abranger a decisão arbitral.

Dado o tema da presente crónica, cuidaremos apenas deste último.

As posições em confronto podem resumir-se ao seguinte: entende a Apelante que, abrangendo a sentença recorrida a decisão arbitral proferida em 27 de Setembro de 2001 pelo Árbitro Único, a mesma deveria ser revogada, na medida em que o Regulamento Bruxelas I é inaplicável a decisões arbitrais, nos termos do art. 1° n.° 2; contrapôs a Apelada que, uma vez que a Apelante impugnara a decisão arbitral junto dos tribunais judiciais, o acórdão judicial que confirmava a decisão dos árbitros devia ser reconhecido e declarado executivo nos termos do citado Regulamento, afastando-se a aplicação da Convenção de Nova Iorque de 1958 sobre o Reconhecimento e a Execução de Sentenças Arbitrais Estrangeiras, porquanto o aresto a reconhecer é de natureza judicial e não arbitral.

O Tribunal da Relação considerou que o Regulamento Bruxelas I não se aplicava a sentenças arbitrais, confirmadas ou não por decisões judiciais, em virtude de ser aplicável a estes casos a Convenção de Nova Iorque de 1958 – a qual foi subscrita por Itália e Portugal – não obstando à sua aplicação o facto de se tratar de uma sentença arbitral objecto de uma sentença judicial[25].

---

[25] Nesse sentido, o Acórdão cita o artigo de Maria Cristina Pimenta Coelho, "A Convenção de Nova Iorque de 10 de Junho de 1958 relativa ao Reconhecimento e a Execução de Sentenças Arbitrais Estrangeiras", in *Revista Jurídica* n.° 20).

Entendeu a Relação que o objecto do Acórdão da Relação de Ancona é a apreciação de uma sentença arbitral, que confirmou e manteve, pelo que, estando as decisões arbitrais excluídas do âmbito de aplicação do Regulamento Bruxelas I, não podia conceder exequatur, ao abrigo de tal regime, chamando à colação a interpretação efectuada pelo Tribunal de Justiça das Comunidades Europeias, solicitado a interpretar a cláusula de exclusão da arbitragem na Convenção de Bruxelas de 1968, que antecedeu este Regulamento (e que, no essencial, a manteve):

*"ao excluírem a arbitragem do âmbito de aplicação da Convenção com o fundamento de que já estava abrangida por convenções internacionais, as Partes Contratantes pretenderam excluir a arbitragem na totalidade, incluindo procedimentos intentados nos tribunais nacionais".*

Acrescenta ainda a Relação que a Convenção de Nova Iorque concede à parte requerida um maior leque de possibilidade de oposição ao reconhecimento e à execução da sentença arbitral, adequada às particularidades inerentes à origem e modo de formação da sentença arbitral, contrariamente ao Regulamento Bruxelas I, que adopta uma postura bem mais defensiva do reconhecimento e da executoriedade das decisões que tem por objecto, em conformidade com a natureza judicial das mesmas.

Atenta a sua profusa fundamentação, parece-nos inteiramente correcto o entendimento perfilhado no Acórdão em análise.

16. No Acórdão da Relação do Porto de 11 de Janeiro de 2007 (relator – Desemb. AMARAL FERREIRA)[26], a Relação apreciou conjuntamente um recurso de agravo interposto do despacho saneador que considerara improcedente a excepção de preterição de tribunal arbitral e um recurso de apelação da sentença que julgara a acção parcialmente procedente e declarara ilegal a resolução do contrato de concessão comercial operada pela sociedade concedente, uma sociedade espanhola – condenando esta a pagar uma indemnização por lucros cessantes ao concessionário, uma sociedade portuguesa –, vindo a julgá-los ambos improcedentes.

---

[26] In www.dgsi.pt/jstj, Proc. n.º 0636141.

Dado o tema da presente crónica, cuidaremos apenas do recurso de agravo, que confirmou a decisão de primeira instância de não verificação da excepção de preterição de tribunal arbitral invocada pela sociedade concedente.

Em causa naqueles autos estava um contrato de concessão comercial, celebrado pelo prazo de 5 anos, entre uma sociedade francesa – que, no decorrer do contrato, cedera a sua posição contratual a uma sociedade espanhola – e uma sociedade portuguesa, nos termos do qual a primeira se obrigara a vender à segunda, de forma exclusiva, determinado produto e a conceder-lhe o direito de ser a única e exclusiva concessionária para o território nacional.

Do contrato, constava a seguinte cláusula:

> *"Este acordo deverá ser regulado pelas leis de França.*
>
> *Na hipótese de ocorrência de um litígio entre as partes não regulado nos termos deste acordo, ambas as partes acordam em ser reguladas pelas regras do FIS para o comércio internacional de sementes de cereais com regras específicas quanto ao milho. Qualquer arbitragem desenrolar-se-á de acordo com o procedimento de Arbitragem do FIS para o Tratado Internacional da Semente França".*

Entendeu a Relação do Porto, na senda do que já tinha sido defendido pelo tribunal de primeira instância, que a cláusula em apreço era simultaneamente uma norma de conflitos e uma cláusula compromissória.

No que respeita à parte da cláusula, que a Relação do Porto designa como norma de conflitos (acolhe uma professio juris, escolha de lei aplicável), esta acompanhou o tribunal recorrido no entendimento de ser aplicável ao caso dos autos a lei portuguesa, com o consequente afastamento da lei francesa, nos termos do art. 41.º n.º 2, do Código Civil e do art. 38.º do DL 178/86 (Regime do Contrato de Agência, aplicado analogicamente ao contrato de concessão comercial) por inexistir actualmente qualquer conexão da lei francesa com os elementos do negócio, atenta a cessão da posição contratual efectuada, o que não foi posto em causa pela recorrente, a sociedade concedente.

Insurge-se, todavia a recorrente – e, a nosso ver, bem – contra o entendimento sufragado na decisão recorrida – e que veio a ser adoptado pelo Acórdão em apreciação – de afastar a aplicação da cláusula

## Legislação, jurisprudência e documentação

compromissória como consequência do facto de ser aplicável ao litígio a lei portuguesa, que os árbitros nunca poderiam aplicar, por não poderem afastar a aplicação das regras jurídicas que as partes elegeram, isto em virtude do disposto no art. 38º do Regime do Contrato de Agência, tido por imperativo, e ainda por a sociedade autora estar dispensada de observar a convenção de arbitragem por razões atinentes à sua situação de insuficiência económica, impeditivas de suportar o funcionamento do tribunal arbitral, sob pena de violação do princípio constitucional do acesso ao direito.

17. Muito embora não apareçam assim caracterizados no Acórdão em apreciação os motivos que levaram a Relação do Porto a negar a existência de excepção de preterição de tribunal arbitral, podem reconduzir-se, fundamentalmente, ao entendimento perfilhado acerca de três questões fundamentais: autonomia da cláusula compromissória, arbitrabilidade das formas de cessação do contrato de concessão comercial que se encontram previstas no art. 24.º do Regime do Contrato de Agência e problemática do apoio judiciário como causa de exclusão da aplicação de convenção de arbitragem.

Relativamente à primeira das questões supra identificadas, entendeu a Relação do Porto que, por força do disposto no art. 33.º da LAV, que atribui às partes a possibilidade de escolher o direito a aplicar pelos árbitros, o recurso ao tribunal arbitral implicaria o afastamento da lei portuguesa, com violação do disposto no art. 41.º n.º 2, do Código Civil, o que acarretava a invalidade da cláusula em apreço.

Ora, a nosso ver, este entendimento não é correcto, pois partindo da invalidade da <u>professio juris</u> a Relação do Porto determinou a invalidade da cláusula compromissória, não atentando devidamente na doutrina da separabilidade e da autonomia da convenção de arbitragem, unanimemente aceite pela doutrina, quer portuguesa[27], quer estrangeira[28] que se pronunciou sobre o assunto.

---

[27] Cfr., por todos, Lima Pinheiro, *ob. cit.* págs. 119-121.

[28] Cfr., por todos, Fouchard / Gaillard / Goldman, *On International Commercial Arbitration*, 1999, págs. 199-209.

Com efeito, a regra da autonomia da cláusula compromissória face ao contrato onde se encontra inserida significa que a validade e eficácia da mesma deve ser apreciada separadamente da validade e eficácia do contrato em que está inserida – e *a fortiori* de outras cláusulas inseridas nesse mesmo contrato.

A lei portuguesa introduz uma limitação importante à regra da autonomia da cláusula compromissória no art. 21.º n.º 2, da LAV: a nulidade do contrato não acarreta a nulidade desta, salvo quando se mostre que ele não teria sido concluído sem a referida convenção.

Ora, transpondo a referida teoria para o caso discutido no Acórdão em apreço, facilmente se conclui que a escolha de lei não foi determinante entre as partes para remeterem o assunto para a arbitragem, sendo a escolha da lei aplicável e a opção pelo foro arbitral duas questões totalmente distintas que, só por mero acaso, constavam da mesma cláusula no contrato.

De facto, tanto assim é, que a parte recorrente – a sociedade concedente espanhola – não se opôs à decisão do Tribunal de primeira instância de ser aplicável ao contrato a lei portuguesa, não tendo tal questão sido objecto de recurso.

Assim sendo, cremos que não poderia a Relação do Porto ter decidido pela invalidade da cláusula compromissória nos termos e pelos fundamentos em que o fez.

Já no que diz respeito à arbitrabilidade das formas de cessação do contrato de concessão comercial, entendeu a Relação do Porto que a invalidade da cláusula compromissória resultava também do Regime do Contrato de Agência, nomeadamente do seu art. 38.º, aplicável analogicamente aos contratos de concessão comercial, pois, sendo a causa de pedir integrada por factos ocorridos em Portugal, inexistia qualquer interesse sério que justificasse a aplicação da lei francesa, mas também porque ela envolveria inconveniente grave para a recorrida, que teria de recorrer aos tribunais arbitrais franceses.

Mais uma vez, a fundamentação da Relação do Porto não nos parece correcta, revelando uma certa confusão dos conceitos aí invocados.

Com efeito, conforme já se deixou claro, uma coisa é a lei aplicável ao contrato, outra é a submissão do litigio à arbitragem, sendo certo que, por um lado, não resulta claro da leitura da referida cláusula compromissória que a arbitragem tivesse necessariamente de ter lugar em França

*Legislação, jurisprudência e documentação*

ou sob a égide dos tribunais arbitrais franceses (apontava-se para uma arbitragem institucionalizada do FIS) e, por outro, que o tribunal arbitral a constituir estivesse vinculado a aplicar a lei francesa, não podendo discutir a validade de tal aplicação, à semelhança do que fizeram os tribunais judiciais.

A questão que a Relação do Porto deveria ter equacionado, e não fez, diz respeito à admissibilidade da sujeição a árbitros de litígios respeitantes aos direitos emergentes da cessação do contrato de concessão comercial, face ao critério da disponibilidade do direito consagrado no art. 1.º n.º 1 da LAV[29], sendo certo que já existe jurisprudência dos tribunais superiores a desatender o argumento do carácter imperativo do art. 38.º do Regime do Contrato de Agência para sustentar a validade de uma cláusula arbitral.[30]

Finalmente, entendeu a Relação do Porto que, não tendo as normas da lei do apoio judiciário aplicação à jurisdição arbitral, a imposição à recorrida, que beneficiava de apoio judiciário, do recurso ao tribunal arbitral significaria violar o disposto no art. 20.º da Constituição da República Portuguesa, constituindo causa legítima de incumprimento da cláusula, pois o entendimento contrário levaria a que a parte ficasse impossibilitada de obter justiça para o seu caso.

Muito embora a Relação do Porto não esteja sozinha no entendimento sufragado no Acórdão em apreciação[31], temos dúvidas de que a solução adoptada seja a mais correcta.

De facto, o aresto parece esquecer que foi a própria recorrida que escolheu celebrar a convenção de arbitragem e nesta sujeitar-se ao tribunal arbitral (e até ao direito francês!), não valorando sequer o princípio pacta sunt servanda, o qual deveria ter sido confrontado com o princípio de acesso aos tribunais para, no caso concreto, decidir qual dos dois deveria prevalecer.

---

[29] Para melhor entendimento dessa problemática, veja-se o estudo do Dr. António Sampaio Caramelo, "A disponibilidade do direito como critério de arbitrabilidade do litígio", *Revista cit.*, pág. 1249.

[30] Cfr. Ac. STJ de 11.10.2005, in www.dgsi.pt

[31] Cfr. Ac. STJ de 18.01.2000, in www.dgsi.pt

*Revista Internacional de Arbitragem e Conciliação*

Na verdade, parece-nos mais correcta a posição, já assumida pelos tribunais superiores[32], de que, convencionada validamente uma cláusula compromissória, esta não será afectada pela circunstância de a parte não poder beneficiar, em sede arbitral, de apoio judiciário, sendo que a modificação ou exclusão dessa cláusula só poderá ocorrer nos termos art. 437.º do Código Civil.

Com efeito, cremos que a Relação do Porto deveria ter atentado especificamente na circunstância de se tratar de uma sociedade comercial e não de um particular, pois nem a Constituição da República Portuguesa nem qualquer dos instrumentos internacionais a que Portugal está vinculado garante às sociedades comerciais a concessão de apoio judiciário, sendo que, ao acordar a sujeição dos eventuais litígios a um tribunal arbitral, a recorrente sabia que o mesmo implicava encargos e despesas, e para o respectivo aprovisionamento se deveria ter prevenido – se não o fez, sibi imputet.

Afigura-se, por isso, que outra deveria ter sido a decisão da Relação do Porto.


## III – CONCLUSÃO

18. A recensão feita destas espécies jurisprudenciais e a análise do iter argumentativo nelas seguido permite concluir que os Tribunais Superiores se estão a interessar pela problemática da arbitragem voluntária, citando a literatura nacional da especialidade.

De um modo geral, não se detecta uma atitude inamistosa relativamente à arbitragem voluntária, antes se encontra uma preocupação louvável de, nas acções de anulação de sentenças arbitrais, distinguir claramente os fundamentos processuais da anulação da análise do mérito da própria sentença arbitral.

O tratamento da excepção de preterição do tribunal arbitral voluntário mostra que os nossos tribunais superiores procuram extrair as necessárias consequências do acolhimento pela lei da regra da competência da competência do tribunal arbitral (art. 21.º, n.º 1 da LAV).

---

[32] Cfr. Acs. STJ de 23.04.2001 e de 09.10.2003 in www.dgsi.pt

*Legislação, jurisprudência e documentação*

19. Em vésperas de alteração da LAV – embora se desconheça ainda o projecto em elaboração no Ministério da Justiça – justifica-se uma análise cuidada da nossa jurisprudência, até para detectar pontos dúbios que careçam de clarificação nessa revisão anunciada.

A jurisprudência dos Tribunais Superiores publicada em 2007 aponta para a conclusão da permanência do carácter residual do recurso a soluções arbitrais em Portugal.

Esperemos confiadamente que esta conclusão ou impressão venha a ser desmentida nos próximos anos.

**UNCITRAL Recommendation Regarding the Interpretation of the New York Convention**

**Recommendation regarding the interpretation of article II, paragraph 2, and article VII, paragraph 1, of the Convention on the Recognition and Enforcement of Foreign Arbitral Awards, done in New York, 10 June 1958, adopted by the United Nations Commission on International TradeLaw on 7 July 2006 at its thirty-ninth session**

*The United Nations Commission on International Trade Law,*

*Recalling* General Assembly resolution 2205 (XXI) of 17 December 1966, which established the United Nations Commission on International Trade Law with the object of promoting the progressive harmonization and unification of the law of international trade by, inter alia, promoting ways and means of ensuring a uniform interpretation and application of international conventions and uniform laws in the field of the law of international trade,

*Conscious* of the fact that the different legal, social and economic systems of the world, together with different levels of development, are represented in the Commission,

*Recalling* successive resolutions of the General Assembly reaffirming the mandate of the Commission as the core legal body within the United Nations system in the field of international trade law to coordinate legal activities in this field,

*Convinced* that the wide adoption of the Convention on the Recognition and Enforcement of Foreign Arbitral Awards, done in New York on 10 June 1958,[1] has been a significant achievement in the promotion of the rule of law, particularly in the field of international trade,

*Recalling* that the Conference of Plenipotentiaries which prepared and opened the Convention for signature adopted a resolution, which states, inter alia, that the Conference "considers that greater uniformity of national laws on arbitration would further the effectiveness of arbitration in the settlement of private law disputes",

---

[1] United Nations, *Treaty Series*, vol. 330, No. 4739.

*Revista Internacional de Arbitragem e Conciliação*

*Bearing in mind* differing interpretations of the form requirements under the Convention that result in part from differences of expression as between the five equally authentic texts of the Convention,

*Taking into account* article VII, paragraph 1, of the Convention, a purpose of which is to enable the enforcement of foreign arbitral awards to the greatest extent, in particular by recognizing the right of any interested party to avail itself of law or treaties of the country where the award is sought to be relied upon, including where such law or treaties offer a regime more favourable than the Convention,

*Considering* the wide use of electronic commerce,

*Taking into account* international legal instruments, such as the 1985 UNCITRAL Model Law on International Commercial Arbitration,[2] as subsequently revised, particularly with respect to article 7,[3] the UNCITRAL Model Law on Electronic Commerce,[4] the UNCITRAL Model Law on Electronic Signatures[5] and the United Nations Convention on the Use of Electronic Communications in International Contracts,[6]

*Taking into account also* enactments of domestic legislation, as well as case law, more favourable than the Convention in respect of form requirement governing arbitration agreements, arbitration proceedings and the enforcement of arbitral awards,

*Considering that*, in interpreting the Convention, regard is to be had to the need to promote recognition and enforcement of arbitral awards,

1. *Recommends* that article II, paragraph 2, of the Convention on the Recognition and Enforcement of Foreign Arbitral Awards, done in New York, 10 June 1958, be applied recognizing that the circumstances described therein are not exhaustive;

---

[2] *Official Records of the General Assembly, Fortieth Session, Supplement No. 17* (A/40/17), annex I, and United Nations publication, Sales No. E.95.V.18.

[3] Ibid., *Sixty-first Session, Supplement No. 17* (A/61/17), annex I.

[4] Ibid., *Fifty-first Session, Supplement No. 17* (A/51/17), annex I, and United Nations publication, Sales No. E.99.V.4, which contains also an additional article 5 bis, adopted in 1998, and the accompanying Guide to Enactment.

[5] Ibid., *Fifty-sixth Session, Supplement No. 17* and corrigendum (A/56/17 and Corr.3), annex II, and United Nations publication, Sales No. E.02.V.8, which contains also the accompanying Guide to Enactment.

[6] General Assembly resolution 60/21, annex.

*Legislação, jurisprudência e documentação*

2. *Recommends also* that article VII, paragraph 1, of the Convention on the Recognition and Enforcement of Foreign Arbitral Awards, done in New York, 10 June 1958, should be applied to allow any interested party to avail itself of rights it may have, under the law or treaties of the country where an arbitration agreement is sought to be relied upon, to seek recognition of the validity of such an arbitration agreement.